IN DEN ALPEN

Elfriede Jelinek
IN DEN ALPEN

Drei Dramen

Berlin Verlag

2. Auflage 2004

© 2002 Berlin Verlag, Berlin
Alle Rechte vorbehalten
Umschlaggestaltung:
Nina Rothfos und Patrick Gabler, Hamburg
Gesetzt aus der Stempel Schneidler
durch psb, Berlin
Druck & Bindung:
Friedrich Pustet, Regensburg
Printed in Germany 2004
ISBN 3-8270-0457-8

Die Bühnen- und Medienrechte werden vom
Rowohlt Theater Verlag, Reinbek, wahrgenommen

IN DEN ALPEN

IN DEN ALPEN

Die Talstation einer Seilbahn. Ein sehr hoher, holzgetäfelter Raum, eigentlich ein großes Wohnzimmer, ein Salon, es soll nichts an der Einrichtung an Wintersport oder auch nur Technik erinnern, es soll eher alt und verstaubt wirken, also eher Hirschgeweihe an den Wänden, Bilder etc. Menschen, auch Kinder, in festlicher Kleidung, aber alle mit Schiern, Surfboards etc. Manche tragen auch Nachtkleidung. Das Kind: ich stelle mir eine junge Frau vor, die, wie in alten Hänsel- und Gretel-Inszenierungen, sehr betont, sehr »sichtbar« als Kind hergerichtet ist, man soll sozusagen die Herstellung eines Kindes mittels Schminke genau sehen können. Und die Schauspielerin soll auch recht penetrant ein Kind spielen!

Als Kontrast dazu die »Lebenden«, die aber wiederum ganz besonders nicht in diesen Raum passen und wie Fremdkörper wirken sollen, in greller Sportbekleidung, Rotkreuzhelfer, Mediziner, Soldaten in weißen Plastikoveralls etc.

Helfer: Ihr schläfrigen Kinder, legt euch hin! Und Sie, die übrigen, denen der Schreck noch im Gesicht hängt, schämen Sie sich nicht Ihrer Tränen und nicht Ihrer Fröhlichkeit. Wir sind bei Ihren Angehörigen.

Kind: Aber ein großer Teil meiner Angehörigen ist doch ohnedies bei mir! Darf ich vorstellen: Mama und Papa. Ihre langjährigen prophylaktischen Maßnahmen wurden teilweise von der Freizeitindustrie unterlaufen, und jetzt sind wir also alle mitsammen hier, auf ewig Beamte mit ihrer Frechheit den Lebenden gegenüber. Ist es nicht eine Art höherer Ironie, daß meine Eltern jetzt für immer bleiben müssen, mit mir zusammengespannt, wenn man ihre Drohungen zu Lebzeiten bedenkt? Sie waren der Meinung, ich hätte geglaubt, die klassischen Sportarten wie Schifahren und Radfahren hätten ausgedient. Zuletzt wollten sie sich in ihrer kleinen Pension selbst mehr auf jugendliches Publikum umstellen, doch zu spät, sie haben den Zug der Zeit nicht mehr erwischt, sondern den falschen Zug genommen. Die Jungen sind eh meist nur Tagesgäste und schnell wieder weg. Egal. Meine Eltern sind inzwischen ja noch schneller verschwunden als sie.

Helfer: Bitte, bewahren Sie Ruhe.

Kind: Was bleibt mir übrig, da die Ruhe ja nicht mich bewahrt hat. Der Fahrer hat die Antwort erhalten, daß alles getan werde, aber das war nur ein letzter Versuch mit der armen kleinen Ruhe, mit dem Erfolg, daß wir derzeit noch immer bewahren, was uns ohnedies keiner nehmen will. Aber wer will schon Ruhe in Kitz, am Hahnenkamm, oder am Kitz droben? Na ja. Passen wir halt weiter auf. Doch es kommt nichts mehr. Wir passen auf, doch es geschieht nichts. Mir kommt es ja jetzt schon wie eine Ewigkeit vor, daß zuletzt etwas passiert ist. Ruhe im Grab. Haar, das auf Abgründen wächst. Abbildungen von Männern, die grölen, Figur A. Ich komme mir ja schon selbst vor wie eine mit Abziehbildern vollgepickte Seele. Sie schaut aus wie einer von diesen hohen Filzhüten, die die Besoffenen immer tragen, damit man sie von anderen Besoffenen unterscheiden kann. Kurz nach dem Ereignis hatte der Ewige sich auch schon mit einem schönen Abzeichen an mir verewigt, das Abzeichen ist nur eins von vielen, ich habe auch schönere, eins sogar aus Neuseeland, das hab ich eingetauscht. Bald werden sie mit mir Werbung betreiben, die Pensions- und Hotelbesitzer hier. Zahlen Sie gleich, sterben Sie später, aber dafür in neuer Strecken-Rekordzeit! Ja, die Chance zu sterben hat jeder! Vielleicht sind das nächste Mal Sie dabei! Diesmal sind aber schon wir die Strecke. Hier liegen Sie richtig. Wir liegen gut im Rennen. Wir geben Ihnen 155

Opfer auf einmal! Bei dem, was Sie gezahlt haben, hätten Sie eh nicht über 200 Stück erwarten können. Ich glaube jedoch, das, was wir wissen, ist nur die Spitze des Eisbergs. Das meiste wurde verschwiegen. Neulich ist einer hier spazierengegangen, der hat den Totenschädel eines seit Jahrzehnten vermißten Wanderers auf einen Wegweiser gespießt gefunden. Etliche hat damals auch die Betonspinne erwischt, droben, auf der Dammkrone. Wutsch, waren sie weg, im Guß des Damms verschwunden, gleich eingemauert, das Einmauern haben wir damals ja noch gekonnt, egal, was die Heimat von uns dachte. Egal, was die Heimat andrer von uns dachte. Die Spinne ist halt ausgerutscht an ihrem Laufdraht. Opa hat es mir oft vor dem Einschlafen erzählt. Damit ich nicht vorzeitig vor Schreck wieder aufwache.

Helfer: Na ja, von Abschreckung halten wir persönlich eher wenig, das hat früher vielleicht noch gewirkt. Das ist vorbei. Wir sprechen von Optimierung, nicht von Minimierung des Risikos. Es ist unsinnig und führt zum Gegenteil, wenn man Menschen ihr Risikoverhalten ausreden will. Sie werden immer über Pisten rauschen wollen, die ungesicherter sind als ihr Dasein.

Kind: Jeder will auf einmal etwas an mir hinterlassen, und wäre es eine Kerze oder mein aufgerufener Name. Eine faule Ausflucht ist das, wo sie sich abladen, vorhin haben sie es schon wieder im Fernsehn gezeigt. So ein

Ereignis ereignet sich schließlich nicht oft, das ist beste Werbung, zur Hauptsendezeit. Live-Einschaltungen, wie kleine Grasflecken zwischen den Felsen der Familienserien und Talkshows: der Fluchtraum, nein, der Abschwingraum hinter dem Ziel, das ich nun nie mehr erreichen werde. Setz dich an den Tisch, Kind. Hier ist kein Tisch. Hier müssen sie stehen, Mama und Papa, die mit mir umkamen, neben mir, mein dreijähriger Bruder ist daheimgeblieben, bei Oma und Opa. Die können ihn jetzt ganz behalten. Er ist der einzige von uns, den sie behalten können. Ich habe meine Unschuld großzügig verströmt, mein Können dazu, ich habe mich mit den andren Kids ehrlich auseinandergesetzt, wobei wir gewiß nicht Gesundheitsförderung als erstes in unsren weißen, gierigen Augen-Greifarmen hatten. Und so habe ich auch meinen Platz in der ersten Gruppe bekommen. Gut, daß die Freizeitindustrie insgesamt eher potentieller Partner als Feindbild der präventiven Arbeit ist. Die erste Gruppe mit den besten Fahrern sowie die Appelle »Paß auf!« und »Riskier nichts!« blieben bestenfalls wirkungslos. Es war diesmal wirklich nicht unser Fehler. Auch von Abschreckung halte ich wenig, angesichts der massiven technischen Defekte der Gletscherbahn, die seit längerem bekannt waren, ich erwähne nur den 28. Oktober, als es mitten im Tunnel zu einem technischen Defekt gekommen war. Zunächst fiel das Licht aus, dann blieb die Bahn stehen. Nach ungefähr einer Minute konnten die Glücklichen, die damals drin waren, ihre Fahrt fortsetzen, die Generalprobe war gelungen. Wir sind dann leider mißglückt. Na, vom Standpunkt des Todes aus: Generalprobe mißglückt, Premiere gelungen. Einer freut sich immer. Ich warte übrigens immer noch auf die Ausreden des Todes, warum ers erst beim zweiten Mal geschafft hat, besser als die der Betreibergesellschaft werden sie hoffentlich sein. Etwas mehr Mühe hat sich der Tod jedenfalls gegeben, ein ordentliches Tempo hat der draufgehabt, schließlich haben wir Jugendlichen uns ja auch die Mühe gemacht, Risikokompetenz zu erwerben. Wir hatten nur wenige Jahre Zeit dafür. Warum hat er mich genommen, der Tod, und andre sein lassen? Gruppe zwei und drei kamen mit der nächsten Bahn. Warum ich und die nicht? In diesen Gruppen sind doch traditionsgemäß immer die schwächeren Fahrer, sie sind eine Beleidigung der Majestät der Berge. So sehe ich das. Wir sind die kraftstrotzenden Burschen vom Land, wer kann da schon mithalten, wer kann da schon mit den Atem anhalten.

Helfer: Ich kann die Zunahme der Naturentfremdung direkt voraussagen, wenn ich einen Teller mit Schweinsbraten vor mir habe, obwohl ich mich dabei stets in einem Gewirr von Sätzen verliere, die ich später dann im Fernsehn sagen soll. In der Natur würde mir das nicht passieren.

Kind: Also bei Stadtkindern mag das zutreffen, daß sie hier fremd sind. Bei ihnen wird die Selbstaussperrung aus irrationaler ökologischer Rücksichtnahme, verbunden mit einer Zunahme der Naturentfremdung, wohl zutreffen. Die Natur ist jedenfalls eher meinesgleichen, auch wenn sie mir nicht mehr gleicht, so wie ich derzeit ausschaue. Wenn ich es könnte, würde ich mich schämen. Heute können Sie die Bewohner der Städte von jenen der Dörfer an der Kleidung doch gar nicht mehr unterscheiden. Wir haben uns im Bergrestaurant, wo wir für die Eröffnungsfeier des Snowboard-Events proben wollten, nicht mehr, wie vorgesehen, zu einem vergnügt lachenden, taktlosen Strom vereinigen können. Nein, den Takt kann der Tod nicht halten. Die letzte Konsequenz unsrer sportlichen Unarten sollte jedoch der Sommer werden, wenn alles wieder aufhört und die Leute erst recht ihre Füße zum Abstimmen benutzen werden, auf welchen Gipfel sie wollen, um sich ordentlich zu beschäftigen und aufzufüllen, was sie verloren glaubten, was ihnen aber zusteht. Sie haben Vollpension gebucht. Der Sommer kommt hier aber nie wirklich an, da ist der Gletscher vor, allseits wird fleißig nach seinen Ursprüngen gesucht. Sie liegen in der Eiszeit, glaub ich, woher sollte das Eis denn sonst kommen. Es war ein richtiger Gedanke von ihr, uns zu erlauben, die Menschen abzukassieren und dann in den ewigen Winter zu schicken. Damit sie endlich aufhören zu atmen. Gezahlt haben sie ja schon. Gar nicht so schlecht hier! Und wenn sie dann Sommer wollen mitsamt dessen interessanten Situationen, kommen sie schon wieder runter vom Berg und gehen gleich auf den nächsten, warum, um ein Glas Berggeist zu trinken und dann noch eins. Und aus dem fernen Tale, wo nächtlich schon die Schatten weben, hört man empor ins letzte Leuchten der Abendglocken Zungen beben, äh, beten. Hier also der ewige Schnee des Gletschers, um uns Spaß zu machen, und auch der Spaß ist ewig, schimmernd und verheißungsvoll. Dahinter in ihrer Formation anständig aufgereiht die Toten der Berge mit ihren zerbrochenen Fesseln, gerissenen Bändern, geborstenen Knochen. Den anderen ist unbeschreiblich langweilig, weil sie diese Fesseln nicht haben und sie daher auch nicht abstreifen können. Sie trauen sich was. Runter jetzt mit mir! Aber zuerst muß ich hinauf, mit der flüsternden Bahn, die ich mit dem Körper durchbrochen habe. Immer wieder. Durch den Tunnel. Bestzeit. Eltern und Kinder sind ein ewiges Thema, das auch heute wieder in Betracht gezogen gehört, ich bin nicht erschöpft, ich bin berührt. Angehöriger zu sein ist nicht nur lustig, wie Sie sicher wissen, manchmal ärgert man sich. Ich glaube, meine Eltern sind froh, daß wenigstens mein kleiner Bruder davongekommen ist und nicht auch noch durch Risikofreude ihre Nerven beanspruchen konnte. Drei, vier Jahre mehr, und er wäre vielleicht auch weg gewesen. Doch unsre Zeit endet hier.

Helfer: Es tut mir so leid, daß deine Familie beinahe ausgelöscht worden wäre. Auf dich können die Großeltern vielleicht noch verzichten, aber nicht auf deine

Eltern, da wird es finanziell knapp werden, fürchte ich, da du jetzt nicht mehr Snowboardlehrer werden kannst, was dein Berufswunsch war. Ich und mit mir die gesamte Vollkasko-Gesellschaft reagieren allergisch, wenn wir zur Kenntnis nehmen müssen, daß man absolute Sicherheit nicht kaufen kann. Die freiliegenden Anlagen werden jetzt zum Hoffnungsträger werden müssen. Sie sind nicht darauf vorbereitet. Der Wind pfeift durch sie, als wären sie Nasen, auf die Sturm und Menschen draufhauen, wann es ihnen paßt. Die Menschen müssen nun länger warten. Es gehen weniger hinein. Sie müssen sich dumm anstellen. Arm sind die, nach denen nicht nachgefragt wird. Da haben es die Verkehrsmittel besser. Da steht sie in der Talstation, die Bahn, noch zehn Sekunden, noch fünf, und hält die Hand aufs Herz, daß 170 Personen in ihr aufrecht mitsamt ihren Geräten, inmitten des bunten, leicht entflammbaren Materials, das sie selber sind, stehen können. Kannst du mir übrigens sagen, wie einer so blöd sein und seinen Anorak auf den Heizstrahler legen kann? Eine Zirbenstube, ach nein, ein Lärchenkästchen als Dämmung gegen Zugluft über die Heizung bauen? Dadurch werden wir noch alle berühmt werden.

Kind: Nein. Und den Anorak werden sie nicht einmal mehr als eine Spur wiederfinden. Ich bin so ratlos wie meine Mama, wenn sie dem Papa zurückschreit mit ihrer behenden Stimme. Jetzt hört er aber genausowenig zu wie als Lebendiger. Sie meinen, ich hätte gleich die Seilbahn nehmen sollen? Aber mit der geht es doch deutlich langsamer, und man wäre nicht so unter sich, wie wenn man unter 170 Menschen ist, von denen einige, mitsamt ihrer Schmelzkäsekleidung, durch den Boden hindurch getropft sind und die Schienen mit ihrer Asche belegt haben. Dazu die leckeren Flocken vom Plexiglas der Fahrerkabine. Ein dick belegtes Brot für die Ewigkeit wird das, es muß ja auch lang vorhalten. Trauen Sie diesem Geschriebenen nicht, man weiß ja nicht, von wo es herstammt. Machen Sie lieber einen Schnelltest! Auch wir sind Fleisch, und damit muß man immer vorsichtig sein. Tote sprechen ja nicht. Schienen, die von selber zergehen werden, funkenstiebende Seile, eine sengende Lohe, die meine Menschenbrüder, von denen ich so lang nicht wußte, daß sie wirklich meine Brüder waren, voll erwischt hat. Meine Menscheneltern dazu. Und unsern kranken Bruder auch. Nein, meinen kleinen Bruder nicht. Er ist halt, einfach so, krank geworden. Deshalb sind meine Eltern ja mitgefahren. Nein, so leicht werden sie nicht auf mich verzichten können, fragen Sie sie doch, sie stehen gleich neben mir, sehen Sie sie nicht? Die werden doch nicht schon unsichtbar sein? So ist einmal nicht das Kommen unausweichlich, nach der Schule, ohne sich aufhalten zu dürfen, sondern das Gehen, in meinem Fall das Vergehen, ich meine: das Vorgehen. Ja, meine Eltern sind bei mir, sie sind jetzt sogar flinker als zu Lebzeiten, sie haben ja auf lange Zeit nur noch mich. Ich empfinde sie jetzt schon als Plage. Schauen Sie doch, wie lieb und vertraulich uns das Licht heute zublinzelt, es sagt uns damit, wir sollen uns von den Bergen sofort wieder hinunterstürzen, damit wir möglichst rasch wieder rauf können. Ich will ja, aber es geht nicht mehr. Das Kitz lockt so schön, der liebe Gott hat es für uns geputzt. Ich schau hinunter ins Tal, geschieden bin ich von Liebe und Anteil der Hiesigen. Wo sie alle wohnen, die Füße der Berge in ihren frisch gebauten Häuserschreinen, die sich an sie schmiegen, jaja, auch unser schönes Haus ist wie immer dabei, immer vorneweg, so wie ich! Mit seinen von geschickten Schreinern angebrachten Verzierungen, ach nein, die sind fertig im Baumarkt gekauft und sofort in Besinnungslosigkeit versunken wie Jesus, bis man sie endlich aufrecht angebracht hatte, diese schmucken Geländer, vor den Weideplätzen der Menschen, die unaufhörlich hinauf- und hinuntereilen, statt in Rechtschaffenheit ihre Häuser zu genießen. Derzeit beten sie, die Menschen. Immerhin eine Abwechslung. Ja, wir haben so ein schönes Haus gehabt und ein Geschäft, fast schon ein Kaufhaus, wir sind ein wohlhabender Ort. Schon seit dem Staudammbau. Tot. Diese Häuser schreien, wenn man an ihnen vorbeigeht, aber irgendwann hören sie, wie wir, damit wieder auf. Es hilft ihnen keiner und nimmt ihnen ihr Türmchen mit der Glocke wieder ab. Viele von ihnen sind damals im Wasser versunken. Ich werde das nun nie mehr erleben. Daß ich vorbeigehen kann. Ich bin immer nur: vorbeigegangen. Meine Eltern haben mich auf ihrem kleinen Grund, auf dem ihr kleines, alt eingesessenes Geschäft steht, erspart, und jetzt gebe ich mich selber aus. Bald werde ich mir selber ausgehen, und dann habe ich nichts mehr von mir. Oben sieht man ja nichts, nicht einmal sich selber im Fahren, erst wenn wir uns über die Luftbrücke stürzen, als wollten wir uns mit uns selber ernähren, sieht man uns. Aber nur kurz, einen Augenblick. Ich für meinen Teil kann es gar nicht erwarten. Einsamkeit können wir, ich und meine Eltern und mein Bruder, nicht gelten lassen, sie gilt für die Langweiler, die sich selbst ein ganzes Programm sind, ohne sich überhaupt eingeschaltet zu haben. Sie glauben, die Natur nicht zu brauchen. So können nur Arme sprechen. Der Wohlhabende, der alles hat, will die Natur auch noch, um seine Abdrücke zu hinterlassen. Jeder, der etwas seltsam findet, urteilt aus der Sicht des Gewohnten. Wir müssen uns das jetzt abgewöhnen. Sich an den Tod zu gewöhnen, dazu hat man nie Zeit. Es herrscht jetzt die Jugend, wer verleiht ihr Charakter. Jeder soll sich gefälligst selbst nach Haus bringen, doch manche kommen nie an. Was mich betrifft, so müßte man die erwünschte Person, die ich einst darstellen sollte, in die Leere hineinwerfen, mir nach, wohin ich schon unterwegs bin. Das trifft mich nicht. Ich meine, ich treffe mich nicht, weil ich schon in mich gegangen bin. Gott wollte es so. Ich habe aber nichts gefunden und gehe weiter. Wir Jungen sind tagesfüllend. Aber die Abende füllen wir auch, wenn man uns ihre leere, vor Erwartung raschelnde Hülle hinhält. Nichts wie hinein! Ich bin ein rasch Vorübergehender, aber einer, der nicht mehr gegrüßt wird. Ein Fremder. Das Kind von Fremden. Irgendein Kind halt. Die Hiesigen können mich nun nicht mehr sehen und fertig. Und ich kann meine Lieblingssendung nicht mehr sehen und über Jammergestalten nicht mehr lästern. Mitten im Leben, unumkehrbar gebunden an das Notwendige. Weil ich vorhin gesagt habe, seltsam: Ich glaube, meine Oma wird sich einmal an einem Zweig stoßen, an einem Blatt, an einem zerknüllten Zuckerlpapier, gedankenlos, sie wird glauben, das sei nur, was sie von mir seit jeher gewohnt ist, Abfall, Unordnung, und sie muß es jetzt aufheben, aber es wird das Abweichen und das Ungewöhnliche sein, weil: ohne die Anwesenheit meiner kleinen Gestalt, die inzwischen riesengroß geworden sein müßte, wenn ich dem Herrn Erzbischof so zuhöre, wie er über mich redet, wird sie nicht zurechtkommen, die liebe Omi. Ich bin so kurz tot, das Leben blitzt mir noch aus den Augen und fotografiert müßig die Umstehenden, es hat ja nichts sonst mehr zu tun. Ich werde nun meine Eltern so schnell wie möglich verlassen, ein Vorteil, wenn man keinen Körper mehr hat. Sie haben aber auch keinen und könnten mir immer noch nachkommen. Aber nein, ich, der ich nicht mehr da bin, ich werde nicht sein, was ich werden wollte. Ich wollte Schi- und Snowboardlehrer werden, sollte aber eigentlich, als der Ältere, unser Geschäft übernehmen. Und obwohl sie mich mein ganzes Leben lang kannte, die Mama, na ja, das war nicht lang, wird sie hartnäckig glauben, daß ich es bin, nach dem sie schaut. Ätsch, selber tot! Ich werde ihr Gesicht mit Helligkeit anfüllen, aber es wird nur eine Lampe sein, die aus einem Fenster strahlt, zu unserm Gedächtnis. Dabei haben die Toten ihr Gedächtnis ja gar nicht verloren, sie haben es noch. Aber da nichts Neues dazukommt, was ihnen widerfahren könnte, fahren sie wieder und immer wieder, aber sie erfahren nichts mehr und erinnern sich an nichts. Egal. Und immerhin, nicht alle Toten werden hier so geliebt wie wir. Meine Mutter zum Beispiel wird an der Widerstandslosigkeit des Gefundenen sofort feststellen, daß ich es nicht sein kann, und weitergehen. Sie wird aber nicht wissen, daß sie selbst nicht mehr kommen kann, wenn sie vom Kind, das nicht mehr da ist, gerufen wird.

Helfer: Wir gehen nächsten Freitag zuverlässig in die Messe für euch im Salzburger Dom, es werden Bundespräsident, Bundeskanzler und andere Männer und Frauen erscheinen, die beinahe in die Kameras schluchzen, indem sie nicht zu wissen vorgeben, daß es Kameras sind, vor denen sie da so furchtbar weinen. Die Alpen werden zurückscheinen im Vormittagslicht und uns wie immer zu sich heranlocken, diesmal zum Schleuderpreis, weil nur wenige derzeit dort hinfahren, doch umso mehr werden später kommen, aus Neugier oder Sensationslust. Die Alpen werden also ihre Wanderungen anbieten, eisgewordene Sturzfluten, alles wie immer. Und die Toten werden leichtfüßig über sie hinwegeilen. Komisch, wie der Tod, der doch das Gehen selbst ist, soviel Kommen nach sich zieht! Früher hat man sie in Ruh gelassen, die Opfer der Berge. Wir greifen in die Tüte und ziehen sie hervor, die so lieb uns waren, diese Toten, die durch soviel Ausland, durch so viele Spuren gehen mußten, nur um sich danach bei uns zu Brotwecken backen zu lassen. In unseren Schnee hinein verbrennend, den ihre eigene Heimat ihnen nicht geben konnte. Deswegen sind sie ja hergekommen. Niemand lebt viel, der einsam lebt. Der stirbt genug, der für die Öffentlichkeit stirbt. Na, wir tun das Unsere dazu. Und setzt ihr nicht das Leben ein, nie wird euch das Leben gewonnen sein. Bitte, leg diesen verschmorten Faden, der einmal dein Bein war, etwas beiseite. Ich will nicht unbedingt drauftreten. Das zerfällt ja bei bloßer Berührung. Wir tun unser Möglichstes, aber helfen könntest du uns schon. Immerhin wird uns monatelang psychologische Hilfe gezahlt werden.

Kind: Gestern wär ich eh schon beinahe verflossen und verschwunden, so gut war meine Zeit im Slalom, ich habe viele der Älteren besiegt, sogar welche aus der B-Kader-Bundesjugend, und fast hätte ich mich selbst auch noch überholt. Danach habe ich mich aber gleich wieder gefunden, zusammen mit einem guten Dutzend andrer, aber wofür? Wenn ich das gewußt hätte, daß ich mich nie würde in Würde vermarkten können, weil keiner mich nehmen wird! Ich hätte mich gleich in die Sonne gelegt. Nein, das hätte ich doch nicht ausgehalten. Wir haben auch Hüttenspiele gemacht und uns gegenseitig in den Schnee geworfen, kleine, polternde Feldsteine, nur so zum Spaß, es war schmerzlich und schön zugleich. Wir haben dem Leben gegenüber unsre Pflicht erfüllt, da haben wir uns nichts vorzuwerfen, so jung wir auch waren, wir waren erfüllt. Wir haben schon viel erlebt für unser Alter. Jetzt beginnt die Kür, das freihändig im Nichts Leben. Jetzt werden wir selber dem Tod vorgeworfen, als Beute, wie einem Tier. So ist das in der Wildnis. Wir haben so viele schon der Geschichte vorgeworfen, wie Hänsel und Gretel die Brotbrocken, irgendwie verschwinden diese kleinen Bissen dann durch Tierfraß oder sie gehen formlos in den Boden ein, egal, man hat uns auf unserer eigenen Spur, die wir gelegt haben, nicht gefunden. Jetzt werfen wir uns also selbst der Heimat vor. Wir wollen mal sehen, wie sich das anfühlt, eine Aussicht zu sein, auf den See, auf die Mooserbodensperre, auf das Gebirg im Gesamtzusammenhang, nein, hängen tut es nicht, es ist unten am Boden verschraubt. Die ewig Mahnenden sollen sich daran ein Beispiel nehmen, daß man auch die Geschichte nicht machen kann. Man unterliegt ihr. Oder man ist von ihr zumindest ergriffen. Tod, wo ist dein Sieg? Ach, da ist er ja! Hätte ich gar nicht geglaubt, der hat gar nicht so schnell ausgeschaut, der Tod, erst in der Zeitlupe sieht man, wie ökonomisch er die Tore anfährt, wie knapp. Super-Bestzeit, mit weitem Vorsprung, leider in die falsche Richtung! Das Ankommen im Ziel geschieht nicht in der Zeit, es begründet ja erst die Zeit. Und die läuft gerade erst los, wie jeden Augenblick, keine Sorge, sie ist das gewohnt.

Helfer: Dankedanke. Die Pflicht ist ganz auf unserer Seite. Wir haben euch den Bergen vorgelegt, wir haben auch eine gute Zeit vorgelegt, aber die Berge waren schon satt und haben euch, allerdings unkenntlich gemacht und entwertet wie ein Schipaß vom vorigen Jahr, wieder zurückgespuckt. Ihr wart in dieser Gletscherbahn dermaßen unzertrennlich, so was habe ich noch nie gesehn. Ihr lieben guten Menschen im Gletscherdrachen, laßt euch hin und her schieben, so bunt wie ihr seid, und laßt euch die Laune nicht verderben, wenn es heiß hergeht. Die Bekanntschaft mit dem Feuer wird neu und wichtig für euch werden. Dazu ist der Urlaub da, daß man neue Erfahrungen macht. Sorgt euch nicht. Es hat sich vieles inzwischen erledigt, weil wir Eiweißprodukte von euch und euren Haar- und Zahnbürsten bekommen werden, um zu erfahren, wer wer ist. Was die Toten uns zu sagen haben, glauben wir immer, sie sprechen durch einen Kamm, in dem drei ihrer Haare hängen, die auch einmal allein ausgehen wollten. Bitte, liebe Opfer, legen Sie sich jetzt hintereinander in eine Reihe! Nicht am Ende dieser Sackgasse dermaßen aufgeregt hin und her rennen! Gott weiß längst, wie reich er ist, er muß euch nicht als Gruppe im ganzen vor sich sehen, von der nicht einmal ein Haar unbemerkt fällt. Es wird, was sie kriegen können, von den Gerichtsmedizinern eingesammelt. Gott will euch schließlich nicht fotografieren, er braucht keine Erinnerung an euch, er sieht euch von nun an jeden Tag. Nicht drängeln! Wir haben genügend Säcke, und auch die Nummern gehen uns nicht aus. Weißt du was es heißt, vor einem Tunnel wie vor einem Gartentor zu stehen, euch in Plastiktüten in Empfang zu nehmen und mühsam in einem kleinen Karren, einer Lore, eigens für euch konstruiert, abzuseilen, euch, die ihr ineinander verkrallt, verkeilt und verschlungen seid, daß man euch kaum trennen kann? Ihr habt das geübt. Wieso seid ihr überhaupt immer dermaßen unzertrennlich? Ihr geht ja doch als Schicksale vorüber und müßt irgendwann einmal loslassen, was ihr da festzuhalten versucht. Bei den schmalen, schönen, naturgebräunten Händen deiner Mutter kannst du gleich anfangen. Auch wenn ihr total allein seid wie niemand sonst je allein sein wird, weil sich kein andrer dorthin traut, wohin ihr euch wie sperriger Müll selbst beseitigt habt? Wieso seid ihr alle einer und einer für alle, ich meine ein für allemal hin und weg, aber nicht von der Landschaft, nur von euch selbst? Bis ihr einmal wirklich weg seid! Die Berge aber bleiben. Das hättet ihr nicht gedacht, was? Doch, das habt ihr euch schon gedacht. Taten und Leistungen vergehen, aber daß die Körper auch vergehen, an das denkt ihr Jungen nie. Was weicht ihr anderen Menschen nicht aus? Tja, jetzt ist es zu spät, jetzt werdet ihr mit ihnen zu Plätzchen zusammengebacken, weil ihr nicht rechtzeitig Platz gemacht habt, wo die Geschichte eh schon ein Loch zum Ausweichen übriggelassen hat. Aber ihr wolltet ja nicht durchs Loch, ihr wolltet durch die ganze Geschichte hindurch, und das wie immer möglichst unversehrt. Bitte, das geht nicht. Es ist ein Preis zu entrichten, bevor man ins Himmelszelt hineindarf, um anderen zuzuschauen, die es waren. Sie müssen es gewesen sein, denn wir haben schließlich bezahlt, wenn auch nicht für die, die es gewesen sind. Wir zahlen nur für uns, und wir haben nicht viel auf dem Kerbholz. Die Zimmerfrauen arbeiten auch, allerdings an ihrer eigenen Lebenslüge, daß sie echte Menschen sind, in den Pensionen, wo sie oft von Küssen und von der Leine gelassenen Händen verfolgt werden. Alle rennen immer durch, nur ihr Toten rennt nicht mehr. Ihr müßt zögern, natürlich, wenn ihr euch einmal beeilen sollt, dann zögert ihr! Als wolltet ihr anwachsen, ihr Toten! Der Ewige hat keine Geliebte, er ißt lieber. Wer bei uns mitmachen will, muß, bevor er in eine Wolke aus Asche und Rauch, die er selber ist, eingehüllt wird, sich zu vielen zusammendrängen, nicht um Schutz zu suchen, sondern um den Schutz aufgeben zu dürfen. Wir schließen jetzt die Augen. Entsetzlich. Es ist ein grauenhafter Anblick, als ob ein ganzer See brennen würde, aber nur ihr seid es, die auf das Erlebnis der Abfahrt brennen.

Die junge Frau *(kann auch ein junger Mann sein, wäre vielleicht sogar besser. Dann Geschlecht des Sprechens ändern! Geschlecht egal, Körper: der Zweck)*: Die Alpen sind zu unsrer Gewohnheit geworden, nur weil sie da sind.

Vielleicht ein Fehler. Es ist gut, das wenigstens jetzt zu hinterfragen. Wo kommen wir denn da hin? Wo kommen wir denn hin, wenn wir dort den Kamm entlanggehen und das Empfinden weglassen? Wir kommen nirgendwohin, wenn wir nur schauen. Ich bin Weltmeisterin im Snowboarden, aber diese Bäume habe ich mir nie wirklich aus der Nähe angeschaut, wahrscheinlich weil ich immer zu schnell unterwegs war. Und wenn wir sie dann sehen, die Bäume, dann sieht man dafür uns nicht mehr. Weil wir schon unten sind und nur noch unsere Fahrt, wie wehende Schleiergardinen, geschleift von Gespenstern, vor der Landschaft hängt. Wer will uns erkunden? Es hätte keinen Sinn. Wir Sportler fangen ja immer erst dahinter an, egal, was noch vor uns liegt. Wir werden eingestuft und stolpern, wenn wir einmal nicht siegen, über uns selbst. Es regt sich etwas in unseren Gesichtern, die gute Miene machen müssen, fürs Fernsehen, als wäre es uns möglich, im Menschlichen herumzuwandern. Wir sind so interessant, aber leider: nur die Gerichtsmedizin interessiert sich noch für uns. Ich persönlich finde, ein Baum ist von weitem schöner, dort in der Weite hat er mehr Ruhe. Steht sich die Wurzeln in den Bauch. Vielleicht hat er ja recht. Ich habe eigentlich etwas anderes gemeint, nämlich, daß Leben schöner ist und die Wahrheit ein Abgrund, dem man sich nicht nähern sollte. Sie sind eine schlechte Angewohnheit, die Berge, weil sie locken, ausgerechnet dort nach Menschen zu suchen, wo noch keine je waren. Ein großes Unrecht, das wir den Menschen antun, wenn wir die vielen verachten, die bleiben, wo sie sind. Schon mit uns Kindern machen sie es, das Unrecht. Wir starben brav, wie es sich gehört, und zeigen unsre Geschlechtsteile dem Herrn Doktor. Nicht einmal den interessieren sie noch. Was solls. Arbeit vernichtet ja auch. Und der Sport verzichtet dabei wenigstens nicht auf unsre geschundenen Körper, er nimmt sie liebreich mit, dieser beste Onkel Doktor, und nachdem er sie studiert hat, kann er sie vielleicht sogar selber erzeugen. Sie sind schließlich sein Arbeitsgerät, diese Körper, die sich fit gehalten haben. O Gott, der Berg lebt! Wahnsinn. Der bewegt sich ja, und nicht mal schlecht! Das ist voll cool! Schade, daß ich bereits bewußtlos bin!

Ein Bergrettungsmann *(sammelt Menschenteile ein)*: Und hätt ich einmal, wenn das Schicksal es will, einen tiefen Sturz getan, dann tret ich, wie immer, gelassen und still meine letzte Bergfahrt an. Obs mir auch droben wohl gefällt, ja, das schafft uns keine Pein: Wir warn die Fürsten dieser Welt und wollen es droben auch sein. Nur die Ruhe! So, das Lied wäre endlich ausgesungen. Nur manchmal scheint mir, als wäre euer Einsatz gar zu groß gewesen, aber mich geht es ja nichts an. Ich arbeite hier nur. Ich gebe aber zu bedenken: Millionen gaben ihr Leben für Besseres aus. Sie haben sich gespart, und dann haben sie sich ausgegeben, und als sie sich nicht mehr hatten, haben sie mit fremden Menschen bezahlt, deren blasse Spiegelbilder sie sich nicht einmal vorstellen konnten. Umso leichter konnten sie daher auf all diese Fremden verzichten.

Das Kind: Diese Erfahrung habe ich auch gemacht. Ich habe mich eingesetzt, und dann habe ich mich voll ausgegeben. Ich kann Ihnen aber durchaus zeigen, daß ich auch ein guter Schüler war. Es ist ein auch bei manchen Dichtern verbreitetes Vorurteil, daß Sportler dumm wären. Ich kann Ihnen die Namen all dieser Gipfel noch im Schlaf auswendig aufsagen, wie ich sie auswendig gelernt habe, aber die Natur hat mich auf einmal selbst aufgekündigt, das ist einer ihrer leisesten Windzüge, ich meine Winkelzüge. Sie hat sich bei mir nicht einmal abgemeldet. Es ist, wie gesagt, ein Vorurteil, daß alle Menschen, die Sport treiben, Idioten oder Faschisten seien, wie mir von Unwissenden, die nicht einmal eigene Sinne besitzen, oft unterstellt wird. Ich bin durch den Sport überall gesund geblieben, wo es geht, und Millionen Menschen geht es da ganz ähnlich, gesund und noch gesünder an allen meinen guten Seiten, dreizehn Jahre und mehr haben mich nicht herabbeugen können, Millionen Menschen geht es da ganz ähnlich. Der Wettbewerb ist mir zur Gewohnheit geworden, ich könnte ihn mir immer für später aufheben, wenn ich endlich mein volles Muskelpaket abholen darf. Keine Ahnung, wer von uns zuerst gestorben ist. Da müßte ich erst die elektronische Zeitnehmung und die Zeitlupe konsultieren. Aber auch unter der Lupe sehe ich die Zeit nicht richtig. Es ist schön zu gewinnen, es ist auch schön zu verlieren, egal, und daß es egal ist, lernt man nur durch den Sport: Fairneß. Es ist so egal, wie dem Begrabenen sein Skelett, das auch mit der Zeit zu Erde wird. Seine Zeit ist nicht so gut. Meine ist besser. Ich war sogar unter den ersten. Das Fleisch hat sich jedenfalls viel schneller empfohlen und ist jetzt bereits weg. Es hat derzeit keinen guten Ruf, das Fleisch. Und auch die Zeit sagt nicht einmal auf Wiedersehn, unhöflich wie sie ist. Aber sie hat ja recht. Wir sehen sie ja wirklich nicht wieder. Keine Sekunde wiederholt sich, als junger Mensch weiß man das noch nicht. Die Wahrheit lautet: Es gibt die Lebenden und die Toten, und nichts dazwischen, und keiner kommt, um sie zu richten oder sie zur Rechten und zur Linken sitzen zu lassen des Herrn. Wir müssen uns hier vor dem Richter, der die Haltung beim Sprung und die Hocke bei der Abfahrt und wie nah man an die Stangen heranfährt zu beurteilen hat, überall müssen wir uns genauso anstellen wie zuvor. Dumm. Was ist also gewonnen? Der Wettbewerb bringt doch erst die Lust hervor, auch in anderen Bereichen noch besser zu werden und mit ausgeruhtem Gehirn das bißchen Pflicht in unserem Geschäft zu erfüllen. Eine Semmel mit warmem Leberkäs, bitte sehr, eine mit fünf Deka Extra und einem Gurkerl noch extra. Ich schließe die Augen. Viel ist es nicht, was ich zu Lebzeiten gesehen habe, bevor Gotteshand mich zu Teig knetete. Ich würde jederzeit freiwillig noch mehr Aufgaben übernehmen. Ich würde jeden Tag um fünf ohne zu murren das Geschäft auskehren, wenn man mich nur hätte leben lassen. Ich hatte große Hoffnungen in mich gesetzt. Leben und leben lassen, das sagte Vati immer. Es hat ihm nichts genützt. Ich bin für mein Alter wenigstens gut trainiert, es geht mit mir vorwärts, mit dem Unterschied, daß ich danach nie wieder zurückkommen werde, es würde mich ohnedies keiner sehen. Sport, ohne daß einen einer dabei sieht, hat wenig Sinn. Was nützt es mir. Ans Ufer. Ins Wasser. Auf den Berg. Weinen.

Helfer: Ganz meinerseits. Ich glaube, du mußt dich hinlegen, damit ich dich anständig und umweltfreundlich entsorgen kann, du mußt ja außerdem noch untersucht werden, ich habe auch schon den Sack für dich, welcher war es nur gleich? Kannst du mir bitte deine Nummer sagen? Sei doch nicht so blöd, auf dem Sack steht sie doch drauf! Außen! Du meinst, der Sack sagt dir die Nummer, die für dich vorgesehen ist? Es geht der Reihe nach? Du hast doch im Geschäft sogar schon ganz alleine kassieren dürfen, also stell dich nicht so an! Innen ist es finster, das glaub ich dir, die andren haben das auch schon festgestellt. Schau, ich muß den Sack trotzdem zubinden, nicht wahr, sonst fällst du oder ein Teil von dir heraus und vermischst dich mit anderen ehemaligen Lebewesen, denen das Haar in dicken Büscheln aus dem Sack hängt, ach nein, Haar habt ihr ja keins mehr, das muß was andres sein. Du willst doch nicht mit diesem Offizierssohn aus Amerika, ich meine, mit seinem rechten Arm, begraben werden, oder ⸮ Es weinen doch sonst die falschen, am falschen Ort! Na, mit euch haben wir aber ordentlich was riskiert, was ⸮ Wir werden bald das genetische Material vergleichen können, wir brauchen nur etwas von euch oder etwas anderes, das sich in eurem Zimmer ausbreitet, weil ja ihr nicht mehr dort sein könnt. Siehst du, genau: die Nummern sind an den Säcken angeschrieben, jetzt hast dus kapiert. Ein Tännlein grünet wohl wer weiß im Walde, ein Rosenstrauch in welchem Garten ⸮ Sie sind erlesen schon, denk es, oh Seele, an deinem Grab zu wurzeln und zu blühen. Also genieße rasch die Geräusche der Freiheit, es sind deine letzten! Die Rößlein springen schon und werden schrittweis gehn mit deiner Leiche. Das kann ich dir sogar persönlich garantieren. Aber es werden natürlich weiche, reife, mollige Autos sein, ist das nicht fein ⸮

Kind: Na schön, dann fange ich halt mit dem Genießen der Abfahrt an, und wenns nur für kurz ist, und wenns nur der Tod ist, mit dem ich leider in der Schule nicht mehr werde angeben können. Ich bin ja dafür abgestellt worden, wie mit einer riesigen Hand ins Tal geworfen zu werden, auf nichts anderes warte ich hier und stehe mir seither die Beine in den Bauch, um endlich wieder rauffahren zu können. Meine Arme wird man nachher nicht mehr vollständig finden, sie werden ihrerseits irrtümlich in einem fremden Sack gelandet sein, dafür hab ich jetzt dieses fremde Bein. Ich werde, wie mehrmals zaghaft angedeutet, aber Sie hören mir ja nicht zu, meine gute Form verloren haben, warum eigentlich nicht. Die Sonne blendet mich, und so setze ich, obwohl es sich nicht mehr lohnt, ein letztes Mal meine neue, voll verspiegelte Sonnenbrille auf. Wen sieht sie noch? Mich sieht man nicht. Wir führen sie in unserem Geschäft. Nur für den Fall, daß Sie auch so eine haben wollen.

Helfer: Du wirst eh bald Staub sein, die Autos werden durch dich hindurchfahren können, falls sie Lust darauf haben. Doch warum sollten sie? Warum sollten sie einen Umweg über den Friedhof machen? Du hinterläßt nur wenige. Du wirst einmal vergessen werden, sogar bald, denn du bist zu kurz hier gewesen. Das Rot des Siegers wird nie auf deinen Wangen zu sehen sein. Man würde dich durch ein Tuch seihen können, aber du wirst schon vorher zu Staub zerfallen sein. Der Seiende persönlich wird dann plötzlich von jungen Menschen umringt sein, mit denen er selbst niemals wird Schritt halten können. Er wird um Autogramme angegangen werden. Das wird er nicht gewohnt sein, obwohl er selber sich ab und zu schon unverschämt aufgeführt hat, Wasser in Wein verwandeln und so, das haben wir noch gebraucht. Noch mehr Besoffene auf den Pisten, den Hütten und im Ort. Tische und Stühle gehen krachend zu Bruch. Hätte er euch halt leben lassen, der Herrgott in seinem Schmollwinkel, bis ihr Gesprächspartner für ihn wäret! So müssen wir Psychologen als Übersetzer des Grauens für eure Hinterbliebenen engagieren und später den Erzbischof von Salzburg persönlich. Ich glaube, Gott könnte die Übersetzer hernach auch gut brauchen, der wird ziemlich staunen, wenn er euch Unbegreifliche sieht, die von ihm ursprünglich so nicht gedacht waren. Die Meisterschaft: Ball in den Korb! Und plötzlich siehst du, es war ein Papierkorb, und du selbst warst nichts als ein kleiner Ball aus zerknülltem Papier.

Junge Frau (junger Mann): Hören Sie, dieses halbe Kind versteht doch die meiste Zeit gar nicht, was Sie da quatschen. Ich finde es schade, daß Sie hier so breite Schneisen in Ihre Berge geschlagen haben, nur damit die Leute, sogar Kinder wie das da, runterfahren können. Für mich zum Beispiel hättens schmälere auch getan. Am liebsten wär ich allein. Aber ab und zu eine Raststelle, das wäre fein, mit Schilehrern, die sich mit viel Fell als Perchten verkleidet haben, Schuhplattler tanzen und im Schnee gekühlten Sekt und Schnaps servieren. Eine Gaudi muß sein. Danach sind die Menschen wieder stolz, sich beherrschen zu können. Na ja, können tun sies. Tun tun sies nicht. Sie umschlingen sich in Hüttenkleidung und genießen den Aufgang des Abends, als ob man ihn essen könnte. Sie tanzen in Reih und Glied, als hätte der Zeitlose ihre Glieder bereits selber im Griff. Eine Hand hebt sie in die Höh, und sie verlieren sich, als wären sie nie da gewesen. Doch da wir nun schon mal hier sind, vermeiden wir die Bewegungen der Gehenden und machen Bewegungen von Fahrenden, an denen der Wind vorbeipfeift. Oder vielleicht stehen wir die ganze Zeit, und nur der Wind rast vorbei. Wir legen die Arme an, wie Vögel ihre Flügel, schließen die Augen, Köpfchen zur Seite, ja, so schaut das schon recht gut aus. Wir üben jetzt noch einmal die Haltung beim Absprung. Tonwellen in unseren Ohren tragen uns sanft, das Gerät dazu hängt in unseren Gürteln. Auch ich bin leidenschaftliche Snowboarderin, obwohl es doch mein Beruf ist, eine zu sein, und ich fahre jetzt zu einem Event hinauf, doch nur, um mit anderen zu einer Schinken-Spiegelei-Fläche zu verbrutzeln, dicht an dicht. Doch was ich noch nicht weiß, macht mich nicht heiß. Fast alle werden vor ihrem Tod noch aussteigen können, die Türen werden doch noch geöffnet worden sein, aber es wird niemandem etwas genützt haben. Mehr kann auch ich nicht erreichen als auszusteigen. Weltmeisterin war ich schon einmal. Ich bin jetzt in allen Zeitungen. Soll ich die Augen schließen? Wird das erwartet? Soll ich wirklich? Ich mache für meine Sponsoren, was sie wollen. So. Das geht, glaub ich, sie nehmen eh alte Fotos. Ist die Tiefe bereits bereit für mich? Egal. Dazu gibts auf jeden Fall am Abend, den ich leider auch nicht mehr erleben werde, ein süffiges Feuerwerk, im Wettbewerb mit dem Wind. Ach nein, Entschuldigung, das wurde ja abgesagt, ausgerechnet unseretwegen, aber gerade wir hätten so eine Freude damit gehabt. Man hätte uns in endlos langen Sätzen bedauern können. Wir hätten wirklich eine tolle Gaudi gehabt. Die hätte glatt bis zur

Weltmeisterschaft in St. Anton gereicht. Kein Ding gerät, an dem nicht der Übermut sein Teil hätte. Das Zuviel von Kraft ist ja erst der Beweis von Kraft.

Helfer: Jaja, schon gut, werfen Sie ruhig Blasen und verschmelzen Sie bis zum Jüngsten Gericht oder gleich zum Jüngsten Gericht, allerdings haben wir keine Ananas mehr für Sie, macht nichts, es geht auch mit eingelegten Birnen. Aber legen Sie Ihren rechten Arm bitte etwas dichter an den Körper, es fällt mir sonst Ihre ganze Hand runter! Und das wäre doch schade. Sie stellen sich das Verschmelzen mit einem oder mehreren anderen Menschen schöner vor, als es ist, glauben Sie mir. Ich habe das schon ein paarmal gemacht. Er hat mir nicht viel gebracht, der gepflegte Sex. Es war nie so, wie ich es mir vorgestellt hatte, das Verschmelzen. Mit ein paar Glaserln vorher geht es allerdings besser, mit der Zutraulichkeit von Krankenschwestern, Lehrerinnen oder Verkäuferinnen umzugehen. Manche von denen stehen ausgesprochen auf Einheimische, von denen sie sich sofort ein neues Heim erwarten.

Ältere Frau: Wissen Sie, ich komme vom Flachland, aus der Ebene, aber so habe ich es mir nicht gedacht, das ist ja steiler als geplant und im Prospekt angegeben! Wie sollen die uns da je wieder rausbringen? Aber das Steile ist immer mein Traum gewesen, da bin ich aus der Art geschlagen und nicht mehr zurückgeholt worden, noch so ein Ball im Out. Wie bei dem kleinen

Buben vorhin, dem sein Leben danebengegangen ist, bevor es begonnen hat. Ihm kann ich ins Stammbuch schreiben: Kein Ball fällt aus dem Korb, ohne daß der Ewige es nicht weiß, dieser Unausstehliche, der uns dauernd was aufdrängen will, das er aus dem Gesamtzusammenhang gerissen hat, alles seine Kinder, und wem fehlen sie? Ihm zuallerletzt! Das muß man sich mal vorstellen! Typisch! Wer weiß heute noch, wo seine Kinder sind? Na ja, vielleicht kann er sie ja woanders brauchen. Dort sind sie nämlich. Irgendwas findet sich immer. Aufdringlich, diese Hiesigen. Kein Wunder, daß der Ewige, der möglichst alle möglichst schnell auch verewigen will, so geworden ist. Der mußte ja interessant werden, so viel, wie man sich hier mit ihm beschäftigt hat.

Helfer: Wir haben Ihnen diese Berge gern als Menschenwohnungen angeboten, bittebitte, nichts zu danken. Was Sie draus machen, ist Ihre Sache. Sie bezahlen ja schließlich dafür, daß wir Sie durch eine Gasse aus Luft oder Stein und durch einen Tunnel, welcher der Bahn paßt wie eine zweite Haut, hinauftransportieren, nur um Sie dann wegzuschmeißen. Beachten Sie! Ihr Zimmer war vorbestellt. Ihr Spiegelbild ist nachlässig über das Waschbecken geworfen worden. Doch wenn Sie etwas nachdenken, fällt Ihnen ein: es gibt Menschen, die Sie noch viel mehr vernachlässigt haben als dieser Spiegel. Seien Sie doch froh, daß Sie hierbleiben durften! Keiner von Ihnen wird auf einen Acker fallen, um ihn mit sich zu düngen. Ihre Arbeit ist getan, und wir haben ja keine Äcker, wir haben ein Kraftwerk mit etlichen Talsperren, in die formlos Millionen Tonnen von Wasser fallen, seit Jahrzehnten schon. Sie hingegen werden als Staub ins Sportgeschäft fallen, nicht als Krieger, Sie werden immer wieder aufs neue in die Alpenbar oder in eine urige Abtanzhütte hineinfallen und in Ihren Turnschuhen abgefüllt und abgeführt werden. Egal. Am Ende wird das alles ein wenig sterile Asche ergeben, unproduktiv, Sie werden sich auf alles legen, schwer und kalt. Sie werden wir nie mehr los, das habe ich doch gleich von Anfang an gesehen. Aber vorher werden Sie heiß gewesen und auch so heiß gegessen wie gekocht worden sein auf der Herdplatte unserer Landschaft, wo wir alle auch schon ganz scharf sind. Man muß uns nur noch einschalten. So wie Italienerinnen auf das Meer und Isländerinnen auf die heißen Quellen in ihrem Ort stolz sein können, beneidenswert, so was könnten wir auch brauchen, die können den Menschen auch noch ein Bad anbieten, ohne die Sauna und die Körper erst mühsam anheizen zu müssen. Wir müssen die Menschen ungekocht zu uns nehmen, so roh, wie sie sind. Gar werden sie nie, es kommen immer neue herbei, bevor noch die alten ganz fertiggemacht sind. Was steht in der Gebrauchsanweisung? Wie oft sind Sie in unseren Sportboutiquen der Mode nachgelaufen, und wohin? wofür? Daß wir Sie formlos in den Sack stopfen, alle miteinander. Egal, wer wer gewesen ist und ob er wer gewesen ist. Ja, wir stopfen uns mit Ihnen die Taschen voll! Was glauben Sie, wie viele wir schon hinter uns gebracht haben! Kein Vergleich mit nichts. Gewaltig. Wir haben uns hier schon öfter nicht beherrschen können. Gefahrensport hieß dann die immer gleichbleibende Antwort. Nur die Fragen wechseln unaufhörlich die Bindung und die Schier, es gibt ja auch immer neuere Modelle. Man kann sie übrigens auch leihen. Wenn Sie sich fürs Ausleihen entscheiden, kriegen Sie automatisch immer die neuesten.

Junge Frau (junger Mann): Es ist jetzt Tag, und ich muß meine Reize noch verhüllen. Aber warten Sie nur, bis es Abend wird, dann ziehe ich mich aus meiner neuen, eigens gekauften Kleidung heraus, die so eng ist, daß der Raum Mühe hat, sich neben mir geltend zu machen. Ähnlich dem Tunnel. Die fesche Bahn ist in ihm leider gar nicht richtig zur Geltung gekommen, mir hätten sie das überlassen sollen, ich kenne mich aus! So, der Gletscherdrachen mußte wieder raus ins Freie. Wie schaut er aus? Nicht schlecht, das Plexiglas. Sehen und gesehen werden ist alles. Dieses eine Mal hat er es leider nicht mehr geschafft. Man hat ihn aus Plastik gemacht, damit man ihn besser formen kann, und natürlich auch, damit er besser brennt. Das alles hier hätte ich mir sparen können. Wenn ich das gewußt hätte, wie fern man wirklich sein kann. Das Leben hätte ich mir auch sparen können, so kurz, wie es war, das hat sich ja kaum gelohnt, aber ich habe jeden Augenblick ausgenützt, während andere immer nur selber ausgenützt werden. Ich bin das Neuere und Wildere als das Geringe und Kleine, das sich immer nur für das Große aufopfert. Schauen Sie sich nur die Autogrammsammler im Ziel an! Wie lang die auf ihre Idole warten. Mich mußte man eigens auslöschen, sonst hätte ich keine Ruh gegeben, nicht einmal im Unglückszug. Nur um ganz oben zu stehen.

Helfer: Lassen Sie mich das machen. Mein Sack hier ist dunkelgrün, wetten, daß Ihnen die Farbe steht. Paßt schon! Ich hab es Ihnen ja gleich gesagt.

Ältere Frau: Dann schauen Sie bitte auch mich in Zukunft an! Ich stehe auf Schilehrer! Sogar Tote würden kommen und sich mit mir unterhalten wollen, so wie ich im Leben ausgesehen habe, allerdings in meiner Jugend, aber Zeit spielt ja nun keine Rolle mehr. Sie würden mich anstarren, wenn ich wäre, wie ich einmal war und jetzt wieder bin, und wenn Sie nur ein einziges Auge hätten oder gar keins – auch egal. Die Zeit steht still, daher ist es egal. Sie können den Vorwärts- oder den Rückwärtsgang einlegen, ganz wie Sie wollen. Wenn sie die Wahl hätten, die Toten, würden sie nur mich anschauen, so wie ich früher war, und nicht den Herrn Gott. Ein Glück haben diese Skelette in ihren Gräbern! An ihnen hängen die Kleider so elegant, zumindest deren Reste, sie sind so schön schlank, beneidenswert. Ich habe später immer mit meinem Gewicht gekämpft und oft verloren. Man mag sofort in die Nacht hinuntergehen, wenn man sie sieht, die Toten. Doch leider bleibt am Ende nichts von uns. Selbst von einem Eis bleibt noch eine Zeitlang der Geschmack übrig.

Helfer: Manche Begrabene sind eben glücklicher als andre. In der Erde zu liegen, das ist für mich unbegreiflich, aber es ist mir auch unbegreiflich, wie ein Flugzeug auf der Luft liegen kann, ruhig, wie schlafend. Und da versenkt sich schon wieder eine vor mir im Boden wie im Wasser, weinend, weil es ja doch immer zu früh ist, egal wann. Ich verstehe das nicht.

IN DEN ALPEN   41

*Ein Mann im ganz normalen Stadtanzug tritt ein. Die Leute
scharen sich um ihn. Er verteilt von einer Papierrolle Nummern,
die bereitwillig entgegengenommen werden. Zugleich beginnt
an einer Wandanzeige Nummer für Nummer zu erscheinen.
Als die erste Nummer erscheint, will die erste Person durch die
Tür, durch die der Mann eingetreten ist, doch der weist sie
zurück und deutet auf eine andre Tür im Hintergrund, es entsteht vielleicht ein kurzes Gerangel, aber nur halbherzig, ach,
macht doch, was ihr wollt!, dann geht die aufgerufene Person
durch eine dunkle Tür im Hintergrund, hinter der es völlig
schwarz ist, während man hinter dem nummernverteilenden
Mann einen Gang mit Neonröhren sieht. Man kann es aber
auch ganz anders machen. Man hört von überallher, immer mit
Unterbrechungen, kreischen, schreien: »Celan, Telefon!« – »Celan! Micha vergreift sich an Karina, und das nicht im dunklen
Schlafzimmer, sondern am hellichten Tag, mitten in der Kü-
che.« – »Celan! Tauschen Sie den Heizstrahler aus.« – »Celan!
Leicht brennbare Lärchenholzplatten als Dämmaterial gegen
Zugluft¿ Ja bist du deppert¿« – »Celan! Geil!« – »Celan! Als
wahrscheinlichste Ursache des folgenschweren Stops ein Defekt der Puffer¿« – »Celan! Sind Mitarbeiter diesem Defekt mit
roher Gewalt wie Fußtritten zu Leibe gerückt¿ Ja sind denn
die deppert¿« – »Celan! Die Karina ist eine Drecksau! Die
furzt rum und die wäscht sich nicht!« Der Mann antwortet dazwischen immer ruhig »Weiß ich« und »Versteh ich, versteh
ich«, spricht dann die folgenden Texte weiter.*

Mann: Jetzt gehen einmal Sie. Und ich bin derjenige,
der kommt. Ich komm und komm, ja, auf der Straße

daher, wo man mich hat wohnen lassen, vorübergehend, nicht im Vorübergehn, unten, auf der schönen, unvergleichlichen, wo ich hingehör, in den Niederungen. Eines Abends, die Sonne, und nicht nur sie, war untergegangen, da ging, trat aus seinem Häusel und ging der Jud, der Jud und Sohn eines Juden, und mit ihm ging sein Name, der unaussprechliche, ging und kam, kam dahergezockelt, ließ sich hören, kam am Stock, kam über den Stein, hörst du mich, du hörst mich, ich bins, ich, ich und der, den du hörst, zu hören vermeinst, ich und der andre. Aber nicht wir.

Kind: Ja, da kann man nichts machen. Da sind Sie halt zerstoben wie Wolken, da sind Sie halt da und gleichzeitig weg, was wollen Sie. Es ist Ihnen nichts geschehen. Unser Ofen hat 155 Stück geschafft, aber daß Ihrer viel mehr geschafft hat, das müssen Sie mir erst beweisen! Opa sagt, das geht gar nicht. Wir kommen Ihnen so weit entgegen wie möglich. Wir sind Ihnen sehr weit, wahrscheinlich zu weit entgegengekommen, weiter können wir nicht kommen, das wäre ja schon ein Gehen, und jetzt, da wir so weit gekommen sind, lassen Sie uns nicht durch. Jetzt würden wir Sie ja gehen lassen, aber Sie wollen kommen und kommen, an unserer lieben holden Größe teilzuhaben. Wenn wir Sie gekränkt haben, tut es uns leid, da muß ich klagen, mit Ihnen. Sie sind ja nur geborgt. Dabei haben wir so viele wie Sie hergeschenkt. Sie sind nichts wert. Und Ihnen haben wir so viel geschenkt! Unsere gute weiche runde Landschaft haben Sie total gratis gekriegt. Jetzt wollen Sie ein Geld auch noch dazu. Ich habe noch nie einen wie Sie gesehen, einen wie Sie hätten wir als Zugabe auch noch aufgeben können. Ein Paket für keinen. Wir hingegen sind wirklich und werden es immer wirklich gewesen sein. So fröhlich wird es dabei in unseren Augen blitzen, daß Sie sich unwillkürlich ducken werden. Was wollen Sie. Wir tun Ihnen ja nichts. Aber eins sollten Sie wissen: Wir begnügen uns schon lang nicht mehr mit der stummen Anbetung des verhüllten Geheimnisses, denn wir sind wieder wehrhaft geworden, endlich, kühn und verwegen. Viele von uns sind Franz Fuchs, nein, so kühn auch wieder nicht. Ist gar nicht nötig. Höchste Zeit! Mit starker Hand reißen wir den Schleier vor dem Unnahbaren weg. Danke schön, daß uns jemand aufs neue die Kraft gegeben, das Herrliche zu erringen, es zu schauen und zu ertragen. Sogar ein, zwei Bretter würden wir dafür zu Hilfe nehmen, aber mehr brauchen wir nicht.

Mann: Aber da hängt ein Schleier davor, und schon ist ein Faden zur Stelle, der sich da spinnt, sich herumspinnt ums Bild, ein Schleierfaden spinnt sich ums Bild herum und zeugt ein Kind mit ihm, halb Bild und halb Schleier.

Kind: Ich weiß, die Bilder wollen Sie auch noch von uns, aber dafür müssen Sie was zahlen! Das sind doch Ansichtskarten, und unsere Ansichten kennen Sie ja!

Und manche Bilder sind sogar von Schiele oder Klimt. Schauen Sie nur, wie schön die sind! Umsonst kriegen Sie die nirgends. Aber eins unserer Augen wird, ein Bild umklammernd, eins, das eindeutig seit mehr als 50 Jahren wirklich uns gehört, durch Verjährung, wie so vieles, eins unsrer Augen wird also satt schmatzend zum Schlaf sich jetzt schließen. Das Bild werden wir natürlich behalten, so lang wir können, eh klar. Das hängen wir uns auf, ein glänzendes Poster von unsrem Lieblingsstar, der gestern die Hahnenkamm-Abfahrt gewonnen hat und morgen die Streif gewinnen wird, oder ist das dasselbe? Er heißt Mensch Maier. Und er ist der größte Mensch, der je gelebt hat. Moment, halt, nein, es gibt einen, der größer ist, und er heißt Hannes Trinkl. Den Namen müssen Sie sich merken, und nächstes Jahr müssen Sie sich einen andern merken. Aber der Maier, der hält noch eine Weile. Moment, halt, wieso hab ich das jetzt gesagt? Ich hätte lieber etwas anderes sagen sollen, das hätte mehr Sinn gehabt. Die Menschen heißen doch schon wieder ganz anders.

Mann: So schwieg auch der Stein, und es war still im Gebirg, wo sie gingen, der und jener. Still wars also, still dort oben im Gebirg. Nicht lang wars still, denn wenn der Jud daherkommt und begegnet einem zweiten, dann ists bald vorbei mit dem Schweigen, auch im Gebirg. Denn der Jud und die Natur, das ist zweierlei, immer noch, auch heute, auch hier. Warum erscheint mir Gewaltiges nicht? Ach so, wahrscheinlich, weil ich schon mittendrinnen bin. Man steht da, ringsherum Gewaltiges, das leicht zu Gewalt werden kann, wenn die Sinne eitel sind und in Bergen ihre Spiegel sehen, wie gemacht für sie und für sonst keinen. Hier kommt ein Eindruck, siehst du, ich schau ihn an und werfe ihn wieder weg, ich kann leider überhaupt nichts mit ihm anfangen. Und auch ich verschwinde gleich wieder. Moment noch!

Kind: Wissen Sie, ich glaube, der Jude kann nie so in das Wesen des ihm innerlich doch fremden Hochgebirges eindringen, da er ein Kind der Ebene und des Tales von altersher ist. Auch die vielgerühmte Anpassungsfähigkeit nützt in diesem Falle nicht, da hier zum Erlernen der Bergsprache eben das unerläßliche Sprachtalent fehlt, das nur Völker, die von altersher mit den Bergen in Berührung waren, besitzen. Ich habe das persönlich überprüft. Und es ist mir überdies schon öfter bei meinem mühsamen Gefahrenaufsuchen aufgefallen. Das müssen Sie doch zugeben, wenn Sie versucht haben, vom Becher des Todes zu nippen, so wie ich, wenn ich die Pistenabsperrung mißachte und drunter durchtauche und mich in den vollkommen unberührten Tiefschnee stürze. Es gibt nichts, was mich sonst so berühren könnte wie das Unberührte. Da greifen Sie also nach dem Becher, als moderner Mensch, der sogar Sie inzwischen sind, um, ist der Inhalt kochend heiß, ihn gekonnt über die Oberschenkel zu schütten und eine saftige Schadenersatzklage anzustrengen, das machen Sie ja immer, Klagen anstrengen, anstatt sich selber anzustrengen oder einfach nur so vor sich hin zu klagen, Grund hätten Sie genug, kurz und gut, Sie greifen nach dem Becher des Todes, von dem Sie erwarten, daß er der Becher der Freuden für Sie wird, der Schmerz, mehr noch aber das Vergnügen, das Sie erwarten, gibt Ihnen, wenns denn kommt, einen saftigen Tritt, Sie lodern einmalig auf wie ein Blitzlicht, keine Leistung, die Berge tun es fast jeden Tag, all die Schönheit ringsumher prägt sich Ihnen unauslöschlich ein, und was machen Sie? Sie lassen den Schnee einfach nicht stieben, Sie lassen die Lawine einfach nicht kommen, die ich so mühsam, eigens für Sie, losgetreten habe, Sie gehen einfach nur ums Bild herum und klagen und klagen und klagen, daß dieser Grat nicht richtig ausgeleuchtet worden ist von der lieben Frau Sonne und vom lieben Herrn Nietzsche. So sind Sie. Klagen sind für Sie nicht Klagen. Unsere Klagen werden Sie nie verstehen, wir Ihre aber schon. Vielleicht können Sie nichts dafür, vielleicht weil Sie das Gefühl nicht kennen, beim Abstieg in eine Gletscherspalte zu stürzen, nachdem Sie zuvor ganz allein über die Nordwand aufgestiegen sind. Und Sie kennen das Gefühl nicht, unter den eisigen Sturzfluten eines wilden Hochwetters mit einem anderen Kameraden in der gewaltigen Civettawand um Ihr Leben zu kämpfen. Der Zeltsack vom Wasserfall zerfetzt, der Biwakplatz von Steinschlag und Flug überspült, die Stelle, wo Sie kauern, ein bloßer Riß in der Wand, vom Wasser überronnen. Was sind Sie gekommen von so weit? Was sind Sie gekommen hierher? Wo Sie doch nichts an der Landschaft zu tragen haben, und nur Ihr Geld in der Brieftasche, mehr und immer mehr, doch es wird für Sie nie zu schwer. So hat man es mir erzählt. Aber man kann eben nicht alles kaufen. Sie können jeden Lachenden auf der Bahre fragen, er wird nämlich Gott sei Dank immer noch lachen, nachdem er, plitsch platsch, kerzengrad bis in das sogenannte Schartl, wo immer das ist, herabgeflogen sein wird, ein andrer wäre hin gewesen, dieser flotte Bursch da nicht. Trotzdem brach er sich den Arm und trug eine Beinverletzung davon. War ja nur ein Beispiel. Schauen Sie, es schneit, das weiße Rieseln frißt bald die Hütte auf, die Häuser, die Kirche, saugt es ein in ein milchiges Nichts. Sie verstehen das nicht. Und das war nur eine von vielen gemütlichen Wanderungen! Sie aber, Sie aber, Sie fragen bei allem sofort nach dem Preis, obwohl statt dessen Sie es anständig preisen sollten. Wir machen derweil einen ordentlichen Schulterschluß, und wir müssen jetzt alle mit einer einzigen Stimme sprechen. Und diese Stimme fragt nach dem Ruhm, als Österreicher diese Weltmeisterschaft zu gewinnen und diese dort auch. Warum sind Sie nicht ein Individuum, das im Schmerz aufschreit, weil es, wie Hermann Maier, das Äußerste gewollt und wie Hannes Trinkl das Äußerste errungen hat? Warum spüren Sie nicht, wie Hermann Maier und Hannes Trinkl, den Druck des Dranges nach Betätigung aller Kräfte? Warum gehen Sie dahin wie ein Schlachtvieh, dem man die

Gerte in die Kniekehlen schlägt⸮ Warum gehn Sie nicht allein ins Gebirg, um Aussichten und Erinnerungen zu haben⸮ So was kennen Sie ja gar nicht! Was wollen Sie dauernd von uns⸮ Wir wollen ja Sie nicht! Sie verdienen unsre Einsamkeit nicht. Und wenn Sie noch als Einbeiniger vor unsrer Hütte stünden, wir ließen Sie nicht hinein. Seien Sie froh! Die Einsamkeit ist das schmerzlich-stolze Merkmal der starken Persönlichkeiten. Deshalb bleiben wir auch unter uns. Probieren Sie es auch einmal, Sie werden sehn: es geht! Wir haben schon viele humorvolle Bergbücher geschrieben, die von uns übrigblieben. Und was bleibt Ihnen übrig⸮ Nicht das Freudengeheul, daß dieser große Überhang jetzt Ihnen gehört. Sie sehen immer nur den weißen, wirbelnden Nebelrauch, der Sie sind, der Sie sind, der Sie sind, und der was will⸮ Unsre Gipfel verschlucken! Da, wenigstens das Wetter hat ein Einsehen, das uns fehlt, es reißt auf! Es packt mich heiß, lautlos und mit klopfendem Herzen schaue ich hinüber, bis sich die weißen, nassen Mullbinden wieder um die verletzten Grate wickeln, der Nebel wieder aufwallt und eine Stimme neben mir sagt: du, es wird kalt.

Mann: Bin ich nicht. Bin ich nicht gekommen wie du. Weiß ich. Hab nichts zum Wegwerfen als diesen Blick. Hab auch nichts zu verschenken oder zu erringen. Weiß ich. Trotzdem. Das ist ein Rückenschlag für mich, kleiner Held. Da will man sich am steilen Zacken des Todes schneiden und den Firn ins Gesicht stäuben lassen, wie du, aber man muß erwachen, es war ein Traum. Da lauern die Felsklüfte, man will sich hineinwerfen, aber sie nehmen einen nicht. Sie geben einem nur einen selbst zurück. Sie geben einem nie zurück, was man sich wünscht: einen anderen. Sie geben einen nur selbst zurück. Da giftet der Zipfel, ich meine, da lichtet der Gipfel, man will ihm entgegengehn, damit ers nicht so weit hat bis zu unsereinem, doch er wartet, bis ich fast oben bin, und dann schüttet er seinen vollen Becher einfach aus, haarscharf an mir vorbei. Verbrennt mich mit seiner Packelsuppe doch fast an der Schulter. Knapp daneben ist auch vorbei. Dafür verbrennt er mich mit seinem Heizstrahler am Oberschenkel. Verbrennt mich. Fragt nicht wenigstens vorher. Verbrennt mich. Doch ich schweige, warum klage ich nicht, und es schweigt auch der Stein, und ich werde fast selbst zu Stein. Nicht bewegen, damit der Berg mich nicht im letzten Moment noch sieht! Und sieht er mich nicht, schau ich ihn verstohlen an, so gehen wir eine ganze Weile hin. Das kann dauern, weil keiner von uns aufgeben will. Ich nicht und nicht der Berg. Ich glaube, dieser Schnee schaut mich heimtückisch an, aber nein, er schaut mich überhaupt nicht an. Diese Mißachtung. Tut auch ein bißchen weh. Die hellsten Blumen, und wenn man näherkommt, um sich mit ihnen zu umkränzen, ist da nur eine andre Hand, die nach einem greift, aus den Blumen heraus. Und wenn man zum Heulen des Sturms auf überglasten Zacken hinaufwill, um sich selbst endlich hinunterzuhelfen, ins Warme der Menschen, was passiert? Zack, andre kommen, keine Geschwisterkinder, ich kenn sie nicht, auf den Steinfliesen und neben mir, da sind sie gelegen, die andern, die wie ich waren, die andern, die anders waren als ich und genauso, wahrscheinlich müd vom vielen Stehen, fragen nach dem Fernsehprogramm, wollen sich setzen, finden keinen Platz, haben keinen Kabelanschluß und keinen Satelliten, der ihnen die Stars ins Haus holt, wollen rasten, wollen auch einmal grausam angeblickt werden, statt selber grausam zu blicken. Da geht man hin und will sie sehn, die Linie sehen, die die grade Linie des Lebens vom Land des Todes schneidet. Und da und da schneidet sich einer selbst ein Stück heraus. Schau an, es ist mein Leben, das er geschnitten hat, und ich wollte doch nur vom Berg zum Tal und vom Tal zum Berg, einfach so, das Glück im Proviant, mitgegeben, nein, ich sage besser: aufbewahrt vom Auge, für später. Oder haben wir wirklich keine Augen? Stimmt das etwa, was ich gehört habe? Aber da hängt ein Schleier davor, nicht davor, nein, dahinter, ein beweglicher Schleier, kaum tritt ein Bild ein, so bleibts hängen im Geweb, und schon ist ein Faden zur Stelle, der sich da spinnt.

Kind: Wo schauen Sie denn dauernd hin? Hier, mit mir überbringe ich Ihnen einen der kostbarsten Menschen, die je gelebt haben. Ich bin zwar noch ein Kind, aber ich bin besonders einmalig, flott und verwegen für mein Alter. Jeder beneidet mich, der mich auf dem

Snowboard sieht. Ich springe von meterhohen Wänden in den Tiefschnee, und meine Bilder reihen sich zum Film, dessen weitester Inhalt ist, wie ein junger Mensch nach dem großen Abenteuer der Berge sucht, zu diesem Zweck jedoch zuerst auf ein Brett steigen muß. Das kommt mir irgendwie bekannt vor. Nein, um ehrlich zu sein, ich bin aus ganz andren Gründen auf dieses Brett gestiegen. Wo bin ich hier gelandet? Aus vielen und tief verschiedenen Gesichtern blicken mich Fremde an, die ich nie kennenlernen wollte. Auch sie sind in den Bergen geblieben, für immer. Sie hatten alle die gleiche Leidenschaft: das Seil zu halten. Und dann hat das Seil selbst nicht gehalten. Wie eine feurige Lunte ist es ins Tal gepeitscht, sein eigener Drachenschwanz, dabei war es in diesem Augenblick alles, was uns mit dem Leben verband. Ich falle jetzt hin und stehe wieder auf. Ich lehnte mich gestern noch ans Geländer vor der Hütte und sprach wenig. Sie, lieber Gott, Sie sprechen viel. Sie ermahnen uns. Wir schauen mit pochenden Herzen zu Ihnen hinauf, bis Sie lodern wie ein Fels, ach nein, Sie sind ja nicht fest, Sie sind bestenfalls ein Dornbusch oder in einem Dornbusch, aber das Feuer hat Ihnen nicht geschadet, das sieht man. Sie haben es ganz schön lang ausgehalten. Trotzdem: Nehmen Sie sich wenigstens kurz Zeit und lesen Sie, was ich enthalte! Wo schauen Sie denn hin? Auf dem Sack steht es drauf, das ist in der EU seit der Fleischkrise so Vorschrift. Aber was Sie wirklich lesen müssen, lieber Gott, mein Herr, weil es so spannend ist: die Spur im Schnee, die abbricht, wenn ich einen doppelten, nein einen dreifachen Salto mache. Dann geht sie wieder weiter, die Spur, um mich herzuzeigen, wenn ich schon gar nicht mehr da bin, sondern viel weiter unten. Ja, wir hinterlassen eine Spur, jeder seine eigene, doch sie gehört ihm nicht. Und was haben Sie hinterlassen? Nichts. Und wenn doch etwas, dann haben wir es uns längst genommen. Es kann ja gar nicht mehr vergehen, weil es etwas Bleibendes ist. Es hängt jetzt bei uns an der Wand und schaut sich gemütlich im Zimmer um. So was hätten Sie dem Bleiben nie bieten können!

Der Mann: Willst mich fragen oder nicht. Und bist gekommen trotzdem, bist trotzdem gekommen hierher – warum und wozu?

Das Kind: Ich seh schon, jetzt haben Sie uns wohl nicht mehr viel zu sagen, oder? Egal. Ich habe eine ausführliche Antwort. Die Bilder gleiten vorüber, und der Nordwind fliegt schneidend einher, und weiter fließt der Strom der Gedanken. Funkelnd heben sich für Augenblicke einzelne Wellenkämme aus der still vorüberziehenden Flut, und ich? Ich muß schon längst wieder rauf auf mein Brett. Sehen Sie! Schon geschehn. Ich habe meine Aufgaben erledigt und meine Probleme gelöst. Und Sie? Nichts! Wir mußten ja Sie lösen, bis zum Ende, Ihre losen Enden haben wir zu knüpfen versucht, wir versuchen es immer noch, aber Sie wollen ja nicht. Sie nehmen und nehmen, aber an vergangene Erfolge anknüpfen, das wollen Sie nicht. Sich im Sport vollkommen ausgeben und dabei behalten, das wollten Sie nicht. Unsere Schifahrer stehen immer wieder auf, alle, außer Ulli Maier, auch wenn sie schwer verletzt waren. Aber Sie? Sie wollen doch nicht einmal unsre Spur sein! Sie können nicht sein, was Sie wollen. Aber Sie könnten doch zur Abwechslung einmal sein, was wir wollen. Noch ein Schulterschluß, zack, bumm, mit einer Stimme sprechen, wie ich schon sagte! Mit einer Stimme, aber natürlich nicht mit Ihrer! Sie sind ja weg. Wozu wollen Sie noch eine eigene Spur machen und einen besseren Herrn haben als uns? Von mir aus, einverstanden. Probieren Sies halt. Aber als Bergsteiger oder Schifahrer, Kletterer oder Tourengeher schätze ich Sie nicht ein. Untrennbar verbunden mit der sportlichen Leistung von auf und ab steht die Idee, in der sie vollbracht wird, und diese Idee haben nun mal wir gehabt, nicht Sie! Wir haben die drei Welten gekannt: Berg, Mensch und Tod. Und alle drei haben wir bestiegen, so oder so, sie liegen jetzt hinter uns. Wir wollen die verlorene Rotte sein und trinken zum letzten Male und noch einmal zum letzten Male und noch einmal, bis wir bis zu den Knöcheln in den klebrigen Punschbechern waten, die Schuhe mit unserer eigenen Jagatee-Kotze so lang gewienert, bis endlich St. Anton oder wasweißich für ein Kaff dabei herausgekommen ist. Wir haben stets und immer an uns gearbeitet, aber dann haben wir es letztlich doch nur aus innerer Veranlagung heraus getan, immer nur von innen heraus, groß, lang und sehnig stehen wir vor uns, das letzte Mal. Der Erfolg ist mit uns. Selber schuld! Er will einfach nirgendwo anders hin. Bitte, wir haben es ihm ja angeboten, aber er wollte bei uns bleiben, in der Abfahrt, im Slalom, im Riesenslalom und im Super-G. Die alpine Kombination? Geschenkt! Wenn wir Ihnen so viele Geschenke in den Rachen schmeißen können, dann können Sie auch gern kombinieren wie folgt: Den Augenblick, in dem uns Schönheit überrinnt, den müssen wir mit Einsamkeit bezahlen. Fazit: Sie sind tot, ich bin tot, wir zahlen beide mit Einsamkeit und aus, so, das wäre gegessen. Sie aber müssen wirklich einsam bleiben, für immer, weil Sie versucht haben, durch unsere Einsamkeit selber ein wenig einnehmender zu werden. Das ist Ihnen nicht gelungen und wird Ihnen nie gelingen. Sie können Ihre Einsamkeit, mit der wir bezahlt haben, jetzt nirgends mehr ausgeben, denn nirgendwo wird sie als Zahlungsmittel akzeptiert werden, bei uns schon gar nicht. Wir haben ja bezahlt. Genug. Mehr als genug. Jetzt ist Schluß. Unsere Gesichter tauchen endlich, und ganz zu Recht!, geblendet in den Schein der Sonne. Wir stehen noch an der Kante, und ganz zu Recht!, unsre Hände aber liegen bereits flach auf der Gipfelplatte, auf der sie den anderen Menschenfressern serviert werden, und freudig rufen wir unser: Ich habs! Und wirklich: Jeder hat es, obwohl wir so viel ausgegeben haben. Jeder hat sich noch, obwohl er sich so stark ausgegeben hat, und das ganz zu Recht. Das schaffen Sie nie! Und auch sonst schaffen Sie heute nichts mehr.

Der Mann: Immerhin. Ich habe versucht, meine Stimme zu brechen, aber sie bricht nicht und bricht nicht. Vielleicht weil ich sie übers Knie gebrochen hab. Ich nehm mal den Tisch da. Vielleicht gehts mit dem, aber mit dem ganzen Speck drauf wirds schwer werden. Hab keinen Platz für meine arme Stimme. Ich darf ja nichts runterschmeißen und nichts ausschütten. Sonst schlägt mich der Hüttenwirt, dem seit Jahrzehnten Überzeugungen eingeflößt worden sind. Ich tret vor die Tür, was seh ich? Es hat sich die Erde gefaltet hier oben, hat sich gefaltet einmal und zweimal und dreimal, und hat sich aufgetan in der Mitte, und in der Mitte steht ein Wasser, und das Wasser ist grün, und das Grüne ist weiß, und das Weiße kommt von noch weiter oben, kommt von den Gletschern, man könnte, aber man solls nicht, sagen, das ist die Sprache, die hier gilt.

Das Kind: Nichts da. Die ist auch schon längst ungültig. Hier gilt mein Tritt, hier gilt mein Schritt, hier gilt mein Fahren, hier gilt Bejahen, hier gilt meine Eintrittskarte: nicht mehr. Mehr nicht. Nie wieder. Doch, einmal schon noch! Hannibals Alpenüberquerung am Samstag auf dem Ferner als zeitgenössisches Freilufttheater. Ach nein, ich werde es doch nicht mehr sehen. In 2800 m Höhe verwandeln sich Schiläufer in Krieger, Pistenbullys in Elefanten und das alles in einem Karthago aus Schnee und Licht. Mit über 500 Akteuren wird das antike Ereignis an einem der möglichen Originalschauplätze poetisch neu ins Werk gesetzt, und ich werde es nicht mehr sehen. Eine Sauerei das Ganze! Das karthagische Heer rekrutiert sich aus Kunstschiläufern, Tänzern und Kletterern. Neben drei lebenden Elefanten werden auch Flugakrobaten, Fallschirmspringer und Helikopter zu Darstellern und Göttern, und ich werde es nicht mehr sehen. Eine Sauerei das Ganze! Immerhin, auch wenn ich es nicht mehr sehen werde: Wir dürfen endlich wieder nach einer solchen Schönheit suchen, auch wenn wir diese Unmenge an Gaben nur für die Fremden haben. Die Fremden. Man muß sich mit ihnen unterhalten, aber auch alleine sein können. Was wollte ich sagen? Hannibals Überquerung wird ein einmaliges Schauspiel, ich hätte vielleicht die Karten abreißen dürfen. Eine Sauerei, das Ganze.

Der Mann: Und Hörstdu, gewiß, Hörstdu, der sagt nichts, der antwortet nicht, denn Hörstdu, das ist der mit den Gletschern, der, der sich gefaltet hat, dreimal, und nicht für die Menschen ...

Das Kind: Aber auch hier auf den Gletschern ist was los! Erst einmal werden totale Neubewertungen der Seelen vorgenommen! Auch recht spannend, vor allem die Herrenbewerbe. Die Zeit ist vergangen und vergeht jeden Tag von neuem, von sieben bis sechs. Ich habe meine Nummer schon gezogen, aber Sie, Herr, nicht, mein Herr, Sie werden nie wieder bewertet werden, und zwar weil Sie in gewisser Hinsicht keinen Wert besitzen. Sie sind doch längst ausgezahlt worden, ohne daß es sich je für Sie auszahlen würde. Das haben Sie natürlich nicht wissen können, als Sie Ihre Forderungen stellten. Ich weiß, das klingt grausam, aber ich sags wies ist. Wir zahlen und zahlen, und was bekommen wir für Sie? Was ist los? Es gibt Stürmer, deren berauschendes Glück es ist, sich mitten hineinzuwagen zwischen Tod und Verderbnis. Es gibt Einsame, denen kein Preis zu hoch ist für die große Leidenschaft, die allein ihr Leben erleuchtet und erwärmt. Wann immer Sie von meinem Ende hören, oder haben Sies vielleicht schon gehört: Ende eines jungen Talents?, hoch droben im Herzen der Gefahr und des Geheimnisses, dann kommt Ihnen doch gewiß in aller Trauer ein Trost über die Lippen: Kein schönrer Tod ist in der Welt. Ich habe das Wunder der jungen Tage gesucht, wie es mir meine Rolle als Kind ins Heft des Lebens vorgeschrieben hat. Auch nicht unspannend. Es gefällt mir gut, und hier bleibe ich, und keiner ist wie ich so sehr bedroht, und ich bin einer, der sich viel verliert: an Traum und Trauer, Schwermut, Nacht und Tod. Sehen Sie, ich kann das alles aussprechen. Aber was haben Sie hier noch zu sagen?

Mann: Nein nichts nein nichts nein nichts oder vielleicht doch: das, was da herunterbrannte wie jene Kerze an jenem Tag, am siebten und nicht am letzten; nicht am letzten, nein, denn da bin ich ja, hier, auf dieser Straße, von der sie sagen, daß sie schön ist, bin ich ja, hier, beim Türkenbund und bei der Rapunzel, und hundert Schritt weiter, da drüben, wo ich hinkann, da geht die Lärche zur Zirbelkiefer hinauf, da geht das Lärchenholzkästchen in Flammen auf, da entzündet sich das hölzerne Dämmaterial, da zeigt sich die unbeschädigte Schwesterngarnitur, da dürften die Einbauten ohne Bewilligung erfolgt sein, da ist unklar, wieso nach dem Brandausbruch im gesamten Gletschergebiet der Strom ausfiel, da rasen die Flammen mit der Zugluft davon, den Kamin hinauf, die Tore waren ja weit offen, wie originell, mal was andres: verbrennen, weil die Tore offen sind!, ich seh's, ich seh es und seh's nicht, und mein Stock, der hat gesprochen, hat gesprochen zum Stein, und mein Stock, der schweigt jetzt still.

Inzwischen sind alle, nach Aufruf ihrer jeweiligen Nummer, durch die Tür verschwunden. Ich weiß auch nicht, was wir jetzt machen sollen, denn der Tod tritt mit einem Zeichen der Verlegenheit auf dem Gesicht zu mir, tja, er weiß es auch nicht, vielleicht könnte man das in Rauch- und Flammenschrift an der Wand lesen, oder es sprechen nur noch Maschinenstimmen aus Rauch, Flammen, Schreien, sinnlosem Atemholen und Inferno, immer noch lammfromm, weil Menschen halt viel aushalten, aber nicht alles. Eine Schriftstellerin wohnt in mir, vielleicht will sie auch mal was sagen, nein¿, aber was hier gesagt wird, stammt doch aus ihrem Mund, oder¿ Na, nicht alles. Ich neige im Moment mehr zu der Heizungsthese, aber ich will mich auf keine Spekulation festlegen. Ich spreche von Heimat und Fernweh, aber ich werde sterben, ohne die Welt gesehen zu haben, das steht nun mal fest, so früh schon, na ja, so früh auch wieder nicht. Ich weiß es einfach. Es ist spät. Ich möchte in mich hineingehen, denn morgen, morgen möchte ich endlich aus mir hinauswandern. Die Anforderungen an mich sind so platt, wieso soll ich mich schämen, wenn auch die Antworten platt sind, die aus meinem Wohnzimmerfensterchen quellen. Ich bin die Wehrlosigkeit selbst, man wirft mir etwas vor, ich räume mir ein Recht ein, aber kaum ist es in seinem Fach, will es schon wieder heraus, zu den anderen. Die gefallen ihm halt besser. Ich bin jetzt gerührt, weil so viele tot sind, mein derzeitiger Gesichtsausdruck ist dazu unpassend, macht nichts, Sie sehen ihn ja nicht. Sie sind ein gebildetes Gebilde, Sie wollen mit mir nicht teilen, Sie wollen Ihren Eindruck allein für sich behalten. Ich leihe meinen wenigstens her. Sie wollen sich in Sterbende ein-

fühlen, aber das sind ja nur 155 Stück! Da bleibt doch nicht einmal ein Knöchelchen für jeden von Ihnen, da bleibt uns ja gar nichts andres übrig. Ich lasse halt, Genauigkeitsfanatikerin, die ich bin, die Stimmen sprechen, die wirklich gesprochen haben, einmal, dann nie wieder. Jeder, der ab jetzt noch spricht, ist bereits tot. Die Nacht kommt herauf, aber nur für ihn, denn draußen ist heller Morgen, und schon sind sie abgängig, nein, das kann man nicht sagen, wir wissen ja, wo sie sind, können sie aber von dort derzeit nicht herausholen. Die Zeit geht zurück, weil sie was verloren hat. Wir haben hier nichts verloren. Wir haben uns eine neue helle Bluse gekauft, eine braune Schoß, wie man früher zum Rock sagte, klassische Pumps und eine schwarze Strumpfhose. All das enthält nichts, denn es ist nichts mehr da. Die Stunden verfliegen zu schnell, wir würden nicht in den Spiegel schauen können, wüßten wir, daß wir das sind.

Finsternis. Computerstimmen:

Tut was, wir ersticken.

Es wird alles getan, wir sind bei der Arbeit.

Warum habt ihr abgeschaltet?

Ich habe von dir ein HALT bekommen.

IN DEN ALPEN 61

Der Zug brennt.

Sofort Türen öffnen! Bergen!

Tut was, wir ersticken!

Es wird alles getan, wir sind bei der Arbeit.

Rotes Dämmerlicht. Der Rauch verzieht sich langsam. Zwei Männer in alpiner Kleidung treten aufeinander zu, sie begrüßen sich und halten einander dann gegenseitig immer ein Mikrophon vor, in das der jeweils andere hineinspricht (jeder hat ein Mikro, das zu einer anderen privaten Sendestation gehört).

A: Die Klärung der Brandursache hat wohl Vorrang vor allen anderen Analysen. Nur unter dieser Voraussetzung kann schlüssig untersucht werden, ohne daß mir andere die Spurenlage zunichte machen können.

B: Tage aus blauer Seide, an denen der Föhn das Blut unruhig macht, doch noch keine Frühlingswolken, noch nicht zarten Gespinsten gleich, noch nicht über die Stadt segelnd, noch kein dunkelsüßer Amselschlag am Morgen als noch kein Weckruf aus noch keinen Gärten. Noch blüht der erste Flieder nicht, noch nicht berühren die Hände zum ersten Mal zaghaft und selig zugleich keine weißen Felsen.

A: Danke. Die bisherigen Untersuchungen, die ausschließlich im Tunnel erfolgt sind, haben ergeben, daß der Gletscherdrache und die Kitzsteingams in jedem Fall aufgrund eines technischen Gebrechens zur tödlichen Falle geworden sein dürften. Dabei kommen vor allem drei Bereiche in Frage: die Bremsen, das Radlager sowie die Heizung. Ein Defekt eines dieser Systeme, so meine These, hat den Brand in der unbesetzten Führerkabine des bergwärts fahrenden Zuges ausgelöst und sich binnen weniger Minuten zum Inferno entwickelt.

B: Danke. Wir wissen tief, daß alle Wanderungen ziellos sind, denn wenn auch jede ein Ziel in sich schließt, so wird es, wie wir es erlangt haben, nur zum Altar, auf dem sich schon wieder eine neue Sehnsucht entzündet. Warum nur können wir nicht lassen von unserm Tun, das doch nur ist wie ein Haschen nach ziehenden Wolken! Oje, jetzt ist mir noch ein weiterer Gesamtzusammenhang erloschen, und ich kriege ihn nicht mehr an, wie den vorhin, ich meine, ich kann ihn nicht mehr anfachen.

A: Danke. Die Bahn stoppte plötzlich so stark, daß man im Wagen kaum noch hätte stehen können, hätten sich nicht so viele Personen drinnen befunden, die ein Umfallen verhinderten.

B: Danke. Ich lächle kurz, dann kommt von meinen Lippen die Antwort: Du fragst nach dem dunklen Warum unsres Dranges? Ich sage dir darauf: Wir müssen wandern, um unsere Sehnsucht zu töten, sonst würde sie uns den Tod geben. Jeder Gipfel ist nur eine Stufe, über der schon die nächste auf uns harrt, denn in uns wohnt Fausts Geist, wir sind ruhelos bis zum Ende. An der Wand stinken die Schuhe, auf dem Kleiderständer die Anoraks und Mützen, am Heuboden die Decken, zwischen den Beinen die Säfte, die uns mit Vergnügen erfüllen sollen, aber derzeit noch auf den nächsten Doppelliter warten, der mit dazukommen soll, in den Kehlen die Bemerkungen, die ich Ihnen nicht vorenthalten, im Kopf die Gedanken, die ich befürworten kann.

A: Danke. Von meinen Lippen kommt darauf folgende Antwort: Die Bahn fuhr mit hoher Beschleunigung weg, die nach wenigen Sekunden wieder nachließ und dann wieder einsetzte. Dieser Vorgang wiederholte sich zirka dreimal.

B: Danke. Ganz in Schweigen eingehüllt stehe ich plötzlich, doch ich schweige nicht. Sie haben ja recht: Wir müssen unsere Sehnsucht töten, immer wieder, wenn sie uns ruft, wir müssen sie betäuben durch die Tat, die uns zu immer neuen Zielen führt. Und so ist alles nur ein Weg.

A: Danke. Der Rauch war am Heck des Zuges außen sichtbar. Die Rauchentwicklung sah so aus, wie wenn ein Formel 1-Wagen während des Rennens über eine bereits mit Ölbindemittel präparierte Ölspur fährt.

B: Danke. Wer war das, der ein Kleidungsstück auf einem Heizstrahler über einem Lärchenkästchen vergessen hat? Wahrscheinlich war es ein Toter, der inzwischen selber beinahe schon vergessen ist. Vielleicht gab es kein Kleidungsstück. Vielleicht gab es kein Strahlen. Vielleicht gab es die Lärche nicht. Vielleicht gab es keine Menschen. Hätten wir uns diese Frage am Anfang gestellt, hätten wir uns viel ersparen können. Und ich hätte mir erspart, durch zuviel Sprechen Gewalt auszuüben. Ganz in Schweigen eingehüllt stehen dafür Sie plötzlich. Danke.

A: Danke. Ich hörte metallisch scheppernde Geräusche, so wie wenn man mit einem Hammer auf ein Rohr einschlägt.

B: Danke. Die Welt zieht uns in die Ferne mit ihren Abenteuern, doch die Heimat steht hinter uns wie ein Mann, ein seltsames, bindendes Wunder. Die Heimat hat uns zusammengezogen, und dann hat sie uns geöffnet. Ich glaube, die Heimat hat uns fallengelassen, wie so viele andre auch. Wieso wären wir sonst hier? Die anderen lehnen regungslos am Stein, abgewandten Gesichts. Sie haben recht. Ich wußte doch, daß Sie recht haben, endlich habe ich es gefunden, ich hatte es schon so lange gesucht. Danke.

A: Danke. Ich konnte in der linken hinteren Ecke am Boden des Führerstandes ein kleines Feuer feststellen. Zu diesem Zeitpunkt hatte das offene Feuer ein Ausmaß von ca. 10 mal 10 Zentimetern. Die Höhe der Flamme dürfte bei ca. fünf Zentimetern gelegen sein… Aus meiner Sicht war nicht erkennbar, ob das Feuer dort entstanden war oder sich durch die Bodenplatte durchgebrannt hatte.

B: Danke. Die Einvernahmen decken auf, daß sich zuerst 15 Minuten keiner traute, den Zug aus dem Tunnel zu bergen.

A: Danke. Dann wurde es finstere Nacht.

B: Danke.

DER TOD UND DAS MÄDCHEN III

(Rosamunde)

DER TOD UND DAS MÄDCHEN III (ROSAMUNDE)

Mir ist da leider Wasser in den Körper eingedrungen. Obwohl ich nur meine Bilder ein wenig tränken wollte. Ich bin ziemlich betroffen, daß ich davon gleich ertrinken muß. Auf Gottes schöner Erde zerreißt der Tiger das Lamm. Nur ich kann mir nicht helfen. Bin von allem betroffen, auch von dem, was mich nichts angeht. So bin ich und so bleibe ich, nur Neues, Trübes seh ich an der Welt. Man sagt es mir tausendmal, was soll ich machen, auch das hat mich dann schon wieder betroffen! Die Feder führ ich unermüdlich, keine fremden Sprachen red ich, und wenn, dann falsch. Eine Badende im scharfen Bikini wär ich gern, die Schmerzensschreie ausstößt, süßes Gift auf ihrer eignen Zunge. Doch aus der Badenden wird plötzlich Ernst, bloß weil ich sie darstellen muß. Ich dränge frech in den Kreis der Lebenden mich ein, ich war vor dieser Dame da, ich warte schon so lange. Bitte geben Sie mir ein Paar Schwimm-Flügel, mich zu tragen! Wer unterbricht den grünen Wogenfall, von dem ich derzeit noch nicht weiß, daß er von Wogen herrührt? Jawohl, jetzt kommts, hier, plötzlich, das Blinklicht von Fluten, die nicht für mich gebremst haben, obwohl sie es sogar für Tiere tun. Und da bohrt sich doch glatt dieser Zinken von einer Flut in meinen Kühlergrill. Scharf gezackt, neinnein, nicht ich in meinem Zweiteiler, wo ich meine Formen abgestellt habe! Nicht ich! Im Purpurstrahl leuchtet meine Motorhaube noch einmal auf, sanft schwingt sich das Tal drüber weg, in elegantem Sprung. Das Tal, von Bergen eingekesselt, hätt auch mich noch bergen sollen, doch, blöde Betroffenheit, du wirfst mich immer wieder raus, wo ich ja froh sein könnte in der Laube meines lieben Landes. Fern ein Glück in goldnen Räumen, ja oder nein? Entscheiden Sie sich jetzt! Wieso hat sich jetzt jeder, auch ich, so eindeutig für das Glück entschieden? Viel zu früh, Sie hätten auf das rote Blinklicht warten sollen und dann erst drücken! Ist Ihnen Marter etwa eine Lust? Da hat auch schon der Gegenkandidat gewonnen. Jetzt ists erst recht zu spät, nun hat ein andrer Glück. Doch das Unglück, ists nicht auch ein hübsches Kind, von einer andren Mutter? Es muß nicht leerer Schrecken sein! Warum haben Sie nicht das Unglück gewählt? Darüber läßt sich vieles sagen, was die Täler so alles bergen, was ich still ersehne, wo was blüht und wo des jungen Tages Licht jetzt wieder hingefallen ist, wo ichs nicht finden kann. Das Wasserunglück, auch nicht schlecht, ich seh es immer deutlicher, von Wehmut umglitzert, ach nein, das war ein Licht, ein Nichts, auf bloßem Abglanz auf dem Schaum der Wogen. Und doch: Es nähert sich mir immer schneller. Schneidende Wellen, ich schreib und schreib, die Königin der Welt bin ich, nur sieht mich wieder einmal keiner. Ich krieg schon keine Luft mehr, bange Träume schrecken mich: die Schneide dieses Wassers wird doch nicht bewohnt sein? Wo ich so lang gesucht hab, in der Welt herumgeirrt, ohne meinen Schreibtisch zu verlassen, so lang und sowieso allein, da wird doch nicht im letzten Moment noch jemand wohnen, so unbequem wie ich, auf dieses Messers Schneide? Wieso wohnen hier auf einmal so viele Unbequeme? Viel Unbequemere als ich? Das kann nicht sein! Mein hinreißender Schwung hat mich hierhergetrieben, und da machten viele andre auch schon ihre Schwünge, wie ich seh, nein, das gibts nicht! Folgende Demütigung: Das Messer ist nicht fest, das Messer ist zwar scharf, jedoch ist es kein Messer. Wasser ist es, hebt das stolze Haupt, die Sterne zu küssen, und erwischt mich! Ausgerechnet mich! Zu dumm! Nein, nicht! Bist du meine Mutter? Nein, die bist du nicht, du Null von einem Messer, harmlos wie das Blau am Himmel, der es selbst ist, ich meine: blau ist er halt, mehr kann er derzeit nicht. Ich sag, da kommt ein Sturm, dann Grabesstille. Entschuldige, Himmel, wollt dich nicht beleidigen mit meinem deutschen Mittelklassemodell von vor sechzehn Jahren. Entmastet irr seit längerem ich auf dem Meer, aber ich kann mich auch bequemer irren, falls gewünscht, hier, diese Wachs-, ich meine Wach- und Schließfigur an meinem Schreibtisch, die bin ich, eine Tochter, die sich nähert, damit Huldigungen ihr dargebracht werden können. Später mal, dann ist sie Königin, und ihr Herz wiegt sich erst recht, verurteilt zu sich selbst, so ganz alleine auf den Wellen. Keine Augen blicken freundlich nieder, keine Treibsätze schwimmen nebenher, keine

Blitze werden eigens gezückt für sie, keine Umwölkung, extra genäht aus diesem grauen Stoff, den ich mir angeeignet habe, weil er recht billig war. Schreien Sie nicht so, ich habe noch tonnenweise Vorräte davon! Wogen, die mir Liebe spiegeln, wenigstens die schaun mich an, hab ich zumindest geglaubt, doch es war ein Unfall mit dem Wagen. Nicht einmal des Bremslichts vom Vordermann konnt ich mich recht erfreuen. Habs für mein eigen Licht gehalten, dem ich folgt so viele Jahre, flink und faul zugleich, störrisches Licht, das mir vorausgeflattert ist, und dann wars doch nur meins! Einen Weiser seh ich blinken, weist mich auf die Städte zu. Doch einsam werd ich sterben. So. Das tut mir jetzt aber leid, daß meiner gespottet wird, nur weil ich mich an diese Wassermasse klammere, die mich nur hineinziehen will, da wankt ja jede Blume, da fragt mich gar kein Stern. Dem Bächlein will ichs sagen, daß ichs erführ so gern. Ja, genau so habe ichs persönlich erfahren, mit völlig abgefahrnen Reifen, und jetzt dieser schwere, vollkommen unvermeidliche Unfall, geschieht mir ganz recht. Jeder hätte das sofort gesehen, daß dieses Wasser nur drauf gewartet hat, mich umzubringen. Nur ich war wieder einmal blind. Ich habe behauptet, eine Seherin zu sein, doch was vor mir dahingeflogen ist, das waren nur die Stunden meines Lebens. Ich mußte zu Hause bleiben wie ein Hund, der kein Lamm hat zum Zerfetzen. Ich lese schöne Bücher dort im Hochtal, aber was mach ich jetzt im Wasser, ich Herrliche, auch wenn ich bitter weine? Also ich wanke trotzdem nicht in meinen unzerbrechlichen Überzeugungen, ich weinend Kind, das es nicht sagen kann, nur: was? Ich schüchtern Reh, das jahrelang die Kugel sucht und dann bloß an jemand andern weiterschickt: nein, die ist nicht für mich! Schauen Sie doch, die Adresse stimmt nicht. Ich bin ja außerdem die einzige, die für mich ist, wie kann da ein Paket ich kriegen? Ansonsten hab ich keine Stimme und habe auch keine gewinnen können. Kann nicht mehr sagen, was ich will oder warum. Ich versuche es also noch einmal, ich trag mich selbst ins Dunkel, denn jetzt sind auch noch die Scheinwerfer ausgegangen, zu dumm! Geben Sie mir bitte noch etwas Wonne für mein Weh! Wie kalt das ist, kein Mondenlicht so friedlich, kein Traum, der mich täuscht. Keine lichte Welt, die mich umblüht, kein süßer Blick, der mich umstrahlt, nicht einmal der Zigarettenanzünder, wieso, der läuft doch auf Batterie? Ist die etwa auch ersoffen? Oje, die erste Wunde in dem Kampf, den ich nicht suchte, ist schon die Todeswunde, obwohl ich die Frage gar nicht richtig verstanden habe. Nun wird mir alles klar. Ich beug mich über mich und sag was über mich und schick es ab und trag mich weg in einen tiefen Raum.

Kindermilchschnitte fürs Zwischendurch:

> Der Vollmond strahlt auf Bergeshöhn,
> wie hab ich dich vermißt,
> du süßes Herz, es ist so schön
> wenn Treu die Treue küßt.
>
> Was frommt des Maien holde Zier?
> Du warst mein Frühlingsstrahl,
> Licht meiner Nacht, o, lächle mir
> im Tode noch einmal.
>
> Sie trat herein, beim hellen Schein,
> sie blickte himmelwärts,
> »Im Leben fern, im Tode dein«.
> Und süß brach Herz an Herz.

The real thing

> Der Übergang von Schiene auf Straße
> Der Übergang von Wasser auf Straße
> Der Übergang von Wasser auf Schiene
> Der Übergang von Straße auf Schiene
> Der Übergang von Schiene auf Wasser
> Der Übergang von Straße auf Wasser

DER TOD UND DAS MÄDCHEN III (ROSAMUNDE)

Die zwei machen sich fertig, aber echt!

Fulvio: Nein, wende den Blick nicht ab, ergib dich doch bitte der Situation, die sich da neulich ergeben hat, in dieser Bar, wo das Licht sich ein bißchen wehmütig an Verwirrte wie dich geklammert hat. Ich seh dich heut noch, als wärs gestern. Ich nehm dich heut noch, als wärs schon morgen. Ich nehm dich so lang, bis ich dich wiedergewinnen kann aus dir selbst. Dann laß ich deine letzte Hülle fallen. Was beklagst du dich? Die letzten Hüllen hast du doch vorhin selber fallen lassen! In deinem Schreiben, wie du sagst. Das ist der Sonnenschirm über dem felsigen Boden, denn sogar vor der Sonne fürchtest du dich ja. Aber schau, was du für deine letzten Hüllen gehalten hast, das war bloß die Kapsel von deinem Kugelschreiber! Kein Bedarf. Andre haben viel mehr Schicksal, zumindest haben sie ihr eigenes. Du hast ja nicht einmal das. Ja. Du bist dein eigenes Recyclingprodukt. Du warst eine Dose. Du warst der Schrecken der Macht. Dich hab ich gedacht, dich hab ich gemacht. Mein mußt du sein! Ich nehm dich und fühl mich gut dabei. Der Strom fährt dir gleich als nacktes Grauen in die Geräte deiner Glieder. Über mich sprichst du schlecht. Aber ich hab mich wenigstens mit einem einzigen Entschluß aus der Welt herausgenommen, der ich nun nicht weiter abgeh. Kein Schaden. Trotzdem. Ich laß dich lieber unerwähnt, da tu ich dir noch einen

Gefallen. Was weiter? Ich bin die Sonne, die auf dem Wasser glitzert. Mich gibt es zumindest zweimal. Ein Trick für die Lampe, die Flamme durch Spiegelung zu verdoppeln. Irgendwie stimmt das aber nicht. Alles wird schwächer. Was weiter. Da geh ich schon den Abhang hinab, die Blumen stürzen sich neben mir zu Tal, ein grünes, luftiges, artiges Gewurle. Noch mehr Arten! Jede Blume will zuerst unten sein. Schau, wie schön sie kopfüber in ihren Gurten hängen, dort drunten im Wiesenrain! Dort baumeln sie, die Köpfchen dicht am Abgrund, aber eben noch nicht ganz drinnen. Sportlich. Was weiter: Ach, wär es nie gekommen, dein böses Erglühn! Hast immer nur auf den Ruhm geschaut, der dir angeblich lächelte. Hast mich übersehn, hast lieber die Wucht meiner Bedeutungslosigkeit beschrieben. Weil du hinter einer anderen Bedeutung hergejagt bist! Jetzt hast du es! Selber Reh, große Frau! Die Gejagte bist du! Jaja, klammre dich nur fest, ich bin gewillt, dich zu halten. Doch die Weiträumigkeit meines Herzens führt mich fort, auf einen andren Balkon mit mehr Holz vor der Hütte. Auch irgendwie straffer, fester, eine Stunde nach dem Cremeauftragen: Laufen! Was dann entsteht, darauf könnte man bauen, wenn man ihn nicht vorher verheizen müßte, den Körper. Was? Was sagen Dirndlerotikerinnen? Unüberwindlich hattest du dich gehalten? Hast geglaubt, man kann dich suchen und meiden zugleich, nehmen und verschonen? Damit hast du mich keine zwei Minuten verblüffen können, da mußt du dir schon was andres ausdenken! Ohne Laufen geht gar nichts, die Richtung ist egal. Du wirst dich niemals halbieren können, ohne zu laufen. Indem du einen Teil von dir loswirst, bist du noch lang nicht schlanker geworden!

Rosamunde: Ungeheuer! O meine Mutter, vergib mir! O mein Schreiben, vergib mir! O mein Werk, vergib mir! Natur, vergib mir auch! Mein Schreiben, vergib mir noch einmal! Hautenge Hose, vergib mir! Ärmelloses Oberteil, vergib mir! Liebe, schütze mich ein drittes Mal! Wille, vollstrecke dich selbst! Schmeiß dich wenigstens schneller auf den Boden, wenn ein Starker kommt! Schmeiß dich wenigstens auf den Boden, wenn ein Fescher kommt! Tritt auf mich, wenn ein Forscher kommt, nein, kein Forscher, natürlich einer, der forsch ist! Wer denn sonst? Fremder Mann, der mich opfert, vergiß mich danach sofort wieder! Fremder Mann, der mich opfert, vergiß mich danach nicht! Auf keinen Fall! Hörst du: nicht vergessen! Alles vorherige ungültig! Schutz, der mich umringt, vergiß mich ebenfalls nicht, äh, ach nein, das ist ja die Umfahrungsstraße, die das Ortsbild schont, Verzeihung. Ortsbild, das immer eine andre auf einer Plakatwand darstellt, vergib mir, daß ich nicht so aussehe! O meine Oberschenkel, mein Po, vergebt mir, daß ich was ihr seid aus euch gemacht hab! Abscheu über Verschmähtwerden, vergib mir! Boden, wo Frauenfuß auftritt, vergib ihm den verpatzten Auftritt! Martern, die mir die Brust durchwühlen, vergebt mir! Daß ihr dort nichts gefunden habt, vergebt mir erst recht! Fremder Mann, vergib mir, daß ich die deine werde! Fremder Mann, vergib mir, daß ich nicht da bin, um die deine zu werden! Ich habe meinen eigenen Weg genommen, der mir bitte vergeben soll, daß er immer schon an eine andre vergeben ist.

Fulvio: Also ich wäre froh, wenn die ganze Welt schnackselt, dann wären alle in a good mood. Den Rest kannst du vergessen. Normal gebraucht hätt ich nur eine, doch die Zeiten, da man eine Liebesgöttin aus Leidenschaft und Überzeugung Schlampe nannte, sind vorbei. Nicht daß ich geglaubt oder auch nur gewünscht hätte, eine Ausgezeichnete, eine Herrliche, die durch Klugheit auf sich aufmerksam macht, würde sich mit mir als Möglichkeit begnügen, aber dann tat sies doch, dann tat sies doch, ich sah ganz deutlich ihr Erglühn, ich sah die Lampe an ihrem eignen Stricke ziehn, keine Chance, der Strick war leider um ihren Hals geschlungen. Abgesoffen ohne einen einzigen Gedanken, wie eine bleierne Ente, nein, wie eine Tote. Am Ende doch fest geschlossen wie eine endlose Allee, wenn man zum ersten Mal hineinschaut. Diese Frau mit ihrem Lampionrock, so was trägt man doch längst nicht mehr. Doch, doch, Prada macht ihn heuer wieder, aber nächstes Jahr wird sie wieder etwas ganz andres machen. Was, die Frau sucht immer noch die Reißleine? Damit sie vorgeben kann, an Fesseln zu reißen? Damit sie gleich aufwacht und strahlt, wenn zu ungewohnter Stunde einer dran zieht. Dort die Bushaltestelle. Ich bin dein Mann. Und diesen blöden Strick schneid ich auch bei Gelegenheit durch, wirst schon sehn, ich schneid ihn durch, grad wenn du selber einmal besonders fest ziehen willst. Wasser rauscht. Der Bergquell. Nein, nicht der Bergquell. Wasser von woandersher. Der Himmel gibt. Mein guter Engel sei. Uns ruft das Fest. Ein Fest ist immer da, das uns ruft. So, Rosamunde. Danach ist ihre Zunge die Rede nicht wert, die sie so lose geführt hat. Alles nur Show. Die Zunge schneid ich dir ab, und wo ist jetzt das Wort? Siehst du, weg ist es! Das Wort wird jetzt ganz bestimmt nicht mehr so schlimm sein, wie du es erzogen hast. Es ist nun nichts als ein lästiger Eingeladener, der nicht gehn will. Rosamunde. Ich sag dir ausdrücklich: Alles muß sich jetzt in diesem Augenblick entscheiden. Und wer entscheidet sich wirklich für mich, ist das zu glauben? Dududu! Hätt ich nie gedacht. So oder so, aber sofort! Ruckzuck! Na ja, da hilft nichts, da muß ich halt das Beste draus machen. Weg das Mädchengeschwätz! Mein mußt du sein, dein Leben hängt an meinem Augenwink! Bitte fahren Sie mit der Kamera etwas näher heran, ja, ich sehe, sie entscheidet sich tatsächlich für mich und die halbe Million! Wenn sie an ihrer Idee auch noch festgehalten hätte, wärs sogar eine dreiviertel Million geworden! Eine ganze! Aber die Frage in der Sparte Ernste Musik wird ihr wohl zu ernst gewesen sein. Bitte, die Frau ist doch ein Witz! Ich sage immer: Für eine beglückende Fahrt auf dem Traumschiff ist es ziemlich egal, wie viele Passagiere vorher drauf waren.

Aber auf der war ja gar keiner. Das macht mich denn doch mißtrauisch. Warum fährt denn keiner auf diese Herrliche, warum fährt denn keiner auf diese Großartige ab⸮ Das frage ich mich schon, betörtes Kind. O sei mir hold, und kosend schmieg ich mich zu deinen Füßen.

Rosamunde: Ungeheuer! Unbequemer! Querdenker! Ein Partner für mich! Wer hat mich übriggelassen⸮ Eine fremde Partnersuche⸮ Suche nach einer ganz andren, die dann niemand andrer als ebenfalls ich sein soll⸮ Ich bin alle. Ich selige Erfolgsfrau. Ich fundamentalfeministischer Single aus Überzeugung. Ich bin lang fast nymphomanisch unterwegs gewesen, aber das ist jetzt endgültig vorbei. Ich wende den Blick von mir. Ich fordere endgültig, daß Frauen sich mehr und mehr das Recht nehmen, ihre Sexualität zu leben. Ich fordere endgültig, daß Frauen sich das Recht nehmen, endgültig zu leben. Wenn das bei den Männern gegangen ist, dann sollte dies auch bei Frauen möglich sein. Vorhin beim Abfassen bin ich noch ganz glücklich gewesen. Jetzt beim Anfassen ist das plötzlich nicht mehr so toll. Vielleicht wär das bei einem, ich meine auf einem Berg an der Ostküste Zyperns anders⸮ Wer weiß⸮ Im Urlaub ist es ja immer anders. Wenn man Abschied nehmen muß, ist es plötzlich wie immer. Das Gewohnte. Das Schöne gibt es ja gar nicht. Das Schöne gibt es endgültig gar nicht.

Fulvio: Bleib! Denn alles muß sich jetzt in diesem Augenblick entscheiden! Es hätte sich eigentlich schon im vorigen Augenblick entscheiden sollen. Es kann sich im nächsten Augenblick total anders entscheiden. Ich besiege mich derweil selbst. Aber was mach ich anschließend? Rosamunde. Warum hast du dich so von Frauen in Anspruch nehmen lassen? Mir ist das auch schon an dir aufgefallen: Was bist du so schreckhaft beim Angefaßtwerden durch den Mann? Da geht einer als Eroberer fort und kommt als Eroberer zurück, aber er geht gleich wieder fort. Um als er selbst wieder zurückzukommen. Glücklich springt er dann mit seiner Beute ins nächste Geschäft und macht ein Video davon. Dort gibt es nämlich eine viel bessere, von der er auch ein Video machen kann, und noch ein Handy gratis dazu und die Gespräche auch gratis und die Zunge gratis, die Stimme gratis und den Wahlerfolg dann auch gratis, weil er ja schon so viel gewählt hat, da bekommt er eine Wahl gratis. Faß! Füg dir ein Aussehen hinzu und faß! Was, du faßt es nicht? Faßt nicht, daß du mich zum Glücklichsten der Welt machen könntest? Daß es für dich unfaßbar ist, gefaßt zu werden? Faßt lieber in Worte? Befriedigst dich mit Auskünften? Gebrauchst deine Mittelmäßigkeit, indem du sie als Mittel ausgibst, sprechen zu lernen? Haß! Haß! Was anderes fällt dir nicht ein. Fällt dir nicht ein, daß du selbst als einzige unter diesem Haß gelitten haben könntest? Was ruhst du nicht bei mir, anstatt etwas einfach auf sich beruhen zu lassen? Also wir machen jetzt einen sauberen Schnitt, und dann gestehen wir ein, daß wir auf einer merkwürdigen Straße unterwegs waren. Die Medien haben uns beobachtet. Da ist doch nichts dabei. Nein, die Medien haben uns leider nicht beobachtet. Andre Frauen gestehen ein, zwei, mehrere Schnitte ein. Doch du. Doch du, zwischen 18 und 80, ich kann unmöglich sehen, welchem Ende du näher bist als mir, du bist jedem Ende näher als mir, du, doch du, eine Frage läßt mich nicht ruhn, seit ich vor dir stehe: Wie viele Sexualpartner hattest du bisher? Nein, sag nichts. Sag, was ich gewohnt bin: warum du ein Opfer bist und ein Opfer bringst und zu einem Opfer gemacht wurdest und, dein ganzes Dasein in einer einzigen Hand, ausgerechnet ein Opfer werden willst, ausgerechnet mein Opfer werden willst.

Rosamunde: So muß ich sterben, im verhältnismäßig besten Alter?

Fulvio: Wie konntest du nur wähnen, stolzes Weib, mich habest du besiegt? Bei Gott, 's ist lustig! Ein Bild von Zucker, eine Gliederpuppe, ein schwankes Rohr in dieser nervgen Faust! Alle Fragen: sofort verschweigen, Gesundheit: plötzlich versagen! Alles zurück auf Anfang, um sich ein zweites Mal stark auszugeben, das sag ich dir. Das kostet was! Niemand darf ahnen, um was für Leute es sich bei uns handelt, sonst sind wir gleich in den Medien. Immerhin, wir sind Leute, die in guter Form sind. Ich sag dir, wie sie ihren Kreislauf in

Schwung gebracht haben. Ich sag dir, wir schließen jetzt die Blätter. Ach nein, ich sag es dir nicht. Die Leute sollen dich ja lesen. Viele Operationen wären durch lesen vermeidbar gewesen, auch die, die am Herzen vorgenommen wurden. Also, noch mal von vorn, den Ruf, den ich habe: genießen! In Anspruch: nehmen lassen! Von dieser Tätigkeit: abberufen werden! Alles: hinfällig!

Rosamunde: Was Liebe? Liebe ist ein Knabentraum! So. Ein Weh hineingestempelt, der Paß ist gültig, und er paßt mir recht gut. Soll mein Haß jetzt weiter irrlichtern oder weiterflackern? Ich frage ja nur, weil das eine in die Irre führen und das andre einen auch ganz schön nervös machen kann. Sag mir bitte endlich das Resultat meiner Verfehlung! Damit ich weiß, wie weit ich wieder in Sachen Erotik danebengehauen habe. Hab ich diesmal genug Punkte zusammenbekommen? Wieder nicht? Ich werfe meinen Haß auf den unschuldigen Song Contest und den Musikantenstall und das Welttreffen der volkstümlichen Musik und die Jubiläumssendung von irgendwas, es gibt ja so viel von allem, daß immer irgendwas ein Jubiläum hat, und dann werfe ich meinen Haß auf die zugeparkte Einfahrt und auf dieses Haus, das dich, Knabe, zu meinen Eltern führen soll, aber seit fünfzig Jahren nicht geführt hat, denn meine Eltern sind länger tot als ich selbst. Das ist ein Bild. Hätte ich vielleicht ein Mann sein sollen? Wäre das besser gewesen? Ich werf und werf den Haß, ich werf und werf ihn, den längst veralteten, verfallenen Haß. Was, du nimmst ihn? Er würde sich bei dir eh wohler fühlen. Hat er mir zumindest gesagt. Bitte, wenn dich der Anblick von meinem Haß nicht brennbar macht, nimm ihn trotzdem und wärm dich an was andrem! Nimm dir auch den Reif, der brennend meine Stirn umkrönte, er flackert ja nur noch, bitte, da hast dus, zünd ihn wieder an mir an! Aber egal, was du machst – nimm ihn, aber nimm ihn nicht ruhig.

Fulvio: Ach nein. Behalt du ihn ruhig! Aber ruhig bist du ja nie und wirst du nie sein. Zu meinen Füßen sollst du noch dereinst um meine Liebe winseln, die du jetzt tollkühn verschmähst im spröden Übermut! Ich warne dich! Reiz nicht des Tigers Wut! Begleite lieber meinen Ausdruck mit deinem, der nie ganz genau dazu paßt! Du hast jeden Grund, dich deshalb zu genieren. Die zweite Geige. Immer. Schaut aber auch gut aus. Nur mir genügts nicht. Ausdrücke hast du genug, du Anklägerin. Was? Von der Form kannst du dich nicht lösen? Kein Wunder, dann würdest du ja sehen, daß du nichts als ein ordinärer Napfkuchen bist, mit einem Geschmack, der keiner Vorstellung entspricht, jedenfalls keiner, die du je geben könntest. Und wenn, dann müßtest du sie dir erst mühsam von woanders herholen und einrahmen, sonst könntest du sie ja niemals von der Umgebung unterscheiden, deine Vorstellung. Schon machst du den Vorhang zu, recht hast du. Eine eigene Form hast du ohnedies nicht. Zum Herzeigen bist du eben nicht gemacht. Und du gibst auch nichts her. Wozu also der Vorhang? Nutzlos wie eine blendende Sonne vor einer Landschaft, die man aber gar nicht sehen wollte und die im Prospekt sowieso ganz anders ausgeschaut hat.

Rosamunde: Vorstellung mißlungen. Auch gut. Mach ich. Hebe deine Augen auf zu den Bergen, nein, vorher die Augen aufheben, dann die Sonne wegziehen, dann erst den Vorhang, sonst wird man geblendet, dann zu den Bergen, dann schauen, ob es sich gelohnt hat, diese Augen die ganze Zeit aufzuheben, so lang, bis sie total verblichen waren. Schneebleiche Gipfel. Leni R. Was hat sie uns heute zu sagen? Die verfluchte Schönheit klebt an uns wie Mutterkuchen. Jeder wird ihn los. Keiner wird ihn los. Wir wenden die Lasertechnik an und schneiden uns zu einer beßren Form zurecht. Zuerst blaues Licht, dann: Weiß. Gelbliches Weiß. Alt. Farblos. Kein Ergebnis. Dieses Licht hat die falsche Farbe. Und das soll es schon gewesen sein, was wir die ganze Zeit für die Sonne gehalten haben? Es ist zu abgebrüht, um zu erröten, das Licht. Die Form: eventuell ein Zustand, der sich verschlimmert. Nein. Kein Zustand, der sich noch verschlimmern könnte. Es ist alles andere besser, sogar wenn es als Landschaft gemalt oder als Film gefilmt oder als Foto direkt eins zu eins abgenommen und nie zurückgegeben wird: Es ist alles andere besser, und es haben alle anderen alles andere besser gemacht als ich.

Fulvio: Eine Stimme. Eine Stimme. Eine Stimme. Eine Stimme. Sagt.

Rosamunde: Ich glaub, du mußt jetzt hinunter. Grad schlägt der Haß in meinem Herzen Wurzeln, schon wieder, er ist zurück, ich habs ihm doch streng verboten, ach nein, er schlägt nicht andre, er schlägt mich! Ausgerechnet mich schlägt er! Da halt ich ihn mühsam mit zitternden Armen hoch, und wen schlägt mein Haß? Mich! Wo ich ihm doch so eine schöne Wohnung vollkommen gratis zur Verfügung gestellt hatte. War ihm nicht genug. Na ja, du wärst keinem genug, der deiner Seele auch nur einen Augenblick gegenübersteht. Du sagst, erholt hat er sich, der Haß? Haß Haß Haß, familiärer Haß, innerbetrieblicher Haß, bilateraler Haß. Haß Haß Haß! Mobbing gegen sich selbst. Ist das nicht ein Lächeln, das, zarter Schaum, meine Lippen umkräuselt? Nein, es ist kein Lächeln. Es sind Falten. Nein, es sind auch keine Falten, die könnens nicht sein, ich hab doch diese Creme verwendet. Der Haß ist es, der über die Felder schreitet, ruhig, gelassen, seiner sicher, die Hand Körner schleudernd. Irgendwie ist das doch auch wieder positiv, oder? Wälder, ins Feuer! Menschen, raus aus dem Feuer! Ihr seid jetzt gar. Ihr seid jetzt gar viele. Es ist genug.

Fulvio: Sagt. Schlage einen Funken in der Hölle. Völlig überflüssig. Dich liebend, konnt ich mir den Himmel nicht zurückerstürmen. Muß hinunter. Also diese

Scheinheiligkeit der Gesellschaft regt mich jetzt unheimlich auf. Ich will viel Humor haben und einen guten Intellekt, und warmherzig soll ich sein, und ich geh mit einer nicht nach zwei Tagen ins Bett. Ich schau sie mir vorher noch einmal genau an und dann noch einmal und dann noch einmal und dann genauer und immer genauer. Und dann geh ich nicht mehr. Dann tu ich nichts mehr. Ist das ein Stück Mensch, was ich da sehe? Ist es ein Bild von einem Menschen? Ist es ein Mensch von einem Bild? Ja, das ist ein Mensch von einem Bild. Den kenn ich doch! Nein, doch nicht. Nein, ich geh doch nicht, ich geh nicht, ich geh nicht! Nein, ich gehe doch. Doch doch, ich gehe!

Rosamunde: Meine Stimme. Meine Stimme. Meine Stimme. Meine Stimme. Sagt nichts.

DAS WERK

für Einar Schleef, posthum

DAS WERK 91

1.

Bitte jetzt vor den Vorhang: Ernst Jünger, Wilhelm Müller (der vom Schubert), Hermann Grengg und sein Tauernwerk, Oswald Spengler, Clemens M. Hutter und seine Geschichte eines Erfolgs, Euripides und seine Troerinnen (übers.: Kurt Steinmann) und danke, Margit Reiter

Etliche Geißenpeter in ihrer Geißenpetertracht treten auf und hüten ihre Geiseln, die fröhlich um sie herumspringen. Sie müssen nicht gehütet werden, denn sie bleiben ja freiwillig bei uns, weil es hier so schön ist. Doch die Peter tun brav ihren Job, aber weil sie ja nicht viel zu tun haben, nicht mehr als an Grashalmen lutschen, auf ihrem Schwanz pfeifen (also ich meine nicht, daß sie auf ihren Schwanz pfeifen würden) und dieses Dingsda-Bier trinken, das man auf der Alm trinkt, ist es das Egger Bier?, damit man einen Almrausch kriegt, teilen sie sich den folgenden Text untereinander auf. Wie sie das machen, ist mir inzwischen bekanntlich so was von egal. Heidi kann in diesem Augenblick noch solo sein, muß aber nicht. Nach Belieben können jederzeit noch mehr Heidis hinzukommen.

Die Geißenpeter: Heidi. Gestern bekam ich schon wieder den Eilbefehl, mir etwas einzubilden, je nach meinem Geschmack. Also mein Wunschtraum war doch immer eine Gewölbemauer im Rahmen des Wasserkraftausbaus in den Alpen. Weißt du doch. Erinnerst du dich, wie oft ich mir selbst dafür die Erlaubnis gab? Und jedesmal wieder: nichts. Das Unvollendete ist nicht unvollendbar. Im Gegenteil: Es muß gehen! Es muß einfach! In drei Jahren ist es fertig, würde ich mal sagen. Daß nur das Wissen um dieses Werk keine Drohnen züchtet, die nachträglich auf die Königin aufspringen wollen! Ich habe nie am Sinn meiner Bemühungen gezweifelt, und schau, da laufen sie auch schon dahin, in die Landschaft hinein, meine Mauern für den Plumpsspeicher, ich meine Pumpspeicherbetrieb. Riesige Mauern, die förmlich einladen, sich drauf niederzulassen. Dann, matt unter all dem Licht, wenn die Mauern voll sind wie Bienenwaben vor lauter Menschen, sagt schon die Notwendigkeit, daß wir diesen Raum für uns selber brauchen: Österreich ist frei! Österreich wird ab sofort noch viel freier werden! Österreich blutet, aber Österreich baut auch! Österreich baut an. Österreich baut weiter, viel, viel weiter, als es zuvor gedacht hat. Es baut auf, und dann baut es an das Aufgebaute an. Aber die Baustelle ist ein Kampfplatz, beinahe ein Krieg. Kein Krieg zwischen Menschen und Menschen, wie er uns eine liebe Gewohnheit geworden war, nein, hier greift der Mensch die Natur an! Die Bergwelt. Das harte Gestein. Heute: die Werbewelt, eine Welt für sich, kommen Sie her und schauen Sie sich die Natur als solche an, und dann schauen Sie sich die Technik an, wie sie über die Natur siegt! Und dann schauen Sie sich den Menschen an, wie er über Mensch und Technik siegt, bis nichts mehr übrig ist. Letzten Endes siegt immer die Natur des Menschen, die zerstören oder aufbauen will. Auch dafür ist Österreich der Beweis. Seine Natur hat auch diesmal gesiegt, indem es aufgebaut hat! Na bravo. Das nächste Mal wird es dafür wieder abbauen. Die Natur wird immer siegen, je nachdem, was sie sich vorgenommen hat. Auf oder ab. Pausenlos steht dieses Land im Angriff und dringt vor, aber es kommt über seine Grenzen trotzdem nicht mehr hinaus. Das ist vorbei. Aufpassen, daß andre nicht in seine Grenzen hineinkommen, nein, keine Gefahr, auch das passiert uns nicht noch einmal, denn Österreich als Idee ist grenzenlos. Freilich, manchmal schlagen die Berge zurück und töten und verwunden. Aber zum Glück tun das nur die Berge, nicht wir. Nicht wir. Es ist ein Kampf, aber es ist kein sinnloser Kampf. Österreich hat eine großartige technische Leistung erbracht. Es hat auf dieser Baustelle die Gewalten bezähmt, dieses kleine Land, welches die Gewalt kennt und daher sofort erkennt, wenn sie dem Land wieder einmal dumm kommt und droht. Die Kirche ist voll. Wir sind innerlich leer. Aber wir sind wieder wer! Wer sind wir wieder? Wer waren wir doch gleich noch? Der Ausdruck Zufriedenheit ist gar kein Ausdruck für das, was wir geworden sind. Österreich. Seine hohe Kultur ist eine Tragödie, wie jede hohe Kultur. Vielleicht war sie zu hoch? Hopperla, dieser faustische Mensch ist gestürzt und der dort auch, aber soeben stehen sie gemeinsam wieder auf, Hand in Hand, und ballen heimlich die Fäuste. Herzlich willkommen! Schauen Sie sich das Foto an, und dann schauen Sie sich bei uns um, und dann schauen Sie, daß Sie rechtzeitig auf das Foto mit draufkommen. Österreich ist wieder neu geschöpft worden, und wie jede ordentliche Schöpfung erhebt es sich sofort gegen seinen Schöpfer, kaum daß es aufgestanden ist, das ist so ähnlich wie das mit dem Menschen gegen die Natur. Österreich vor den Vorhang, endlich allein und ohne Joch! Bravo. Nicht mehr unterjocht, nicht mehr gedemütigt, nicht mehr irgendwo untergejubelt, nie mehr selber jubeln, ganz neu! Es nimmt sich, was es jetzt braucht, nachdem es so lang mißbraucht wurde, das arme zarte Land, das seinen Arsch hinhalten mußte. Dieses Land wird nie wieder mißbraucht werden. Ja, menschliches Leid kann natürlich niemals mit Geld aufgewertet werden, das sage ich einmal so ohne Zusammenhang, aber es paßt an jeder andren Stelle auch hin. Den Satz behalte ich, den kann ich auch noch öfter verwenden. Ein Reporter des österr. Rundfunks hat das gestern gesagt, aber er würde es heute und morgen auch noch sagen. Welches Leid? Dieser Ukrainer und der dort und der dort auch, der als Fünfzehnjähriger drei Tage barfuß und bis zu den Knien im eiskalten Wasser gearbeitet hat, bekommt von uns heute eine Entschädigung von Schilling 7000 bis 70 000, je nachdem, ob er überhaupt noch lebt. Aber es gibt ganze Menschenheere, die leben noch viel schlimmer, ohne je wirklich schlimm sein zu dürfen. Und bald werden, jawohl, auch zu seinen Ehren, zu Ehren so vieler, die es leider nicht mehr erleben dürfen, riesige Betonsocken, ich meine Sockel aus diesem Land emporwachsen. Jawohl, Denkmäler sind das, von bescheidenen Lämpchen spärlich erleuchtet durch den Strom, den sie selbst erzeugen. Ich könnte Maße und Eigenart dieser Sockel genauer beschreiben, will aber im Moment nicht. Wir haben noch Platz, den kein andrer beansprucht. Ich behalte es für mich. Aber es kommt mir noch, wirst sehn, Heidi! Wie einst der magersüchtige Mensch, dem sogar die eigenen Energieausbrüche und der ordentliche Machtrausch jedes Wochenende längst zu viel geworden waren, gegen die Natur und gegen alle andren, die ihn stören, so empört sich neuerdings die Maschine gegen den nordischen Menschen, für den es derzeit nicht so gut ausschaut. Leider. Dem südlichen gehts aber auch nicht viel besser, eher schlechter, aber im Süden ist es wenigstens warm auf den Baustellen. Die haben schon vor Jahrtausenden gebaut, was sie heute für die Fremden brauchen. Oje, jetzt gehts wieder los

mit uns. Die Technik hat uns, was Ziel war, nämlich
finden lassen. Das Seltsame wird das Normale, ob
Krieg oder Technik. Wirst sehn, Heidi, so wird es kommen!
Daß es wieder losgeht. Egal was, meist das Fernsehn
und wir mit ihm. Warten wirs ab. In elektrischen
Wellen wird es kommen! Und wieder gehn. Etwas
wird kommen, und es wird auch diesmal wieder gehen,
als wär es nie gewesen. Die Spezialität hier, daß
alles geht, was gekommen ist. Deswegen ißt man hier
so gern und trinkt einen guten Wein dazu. Dieses Land
hat ja dermaßen viele behalten, als wären sie nie da gewesen,
als wären es gar nicht so viele gewesen. So viele
könnens gar nicht gewesen sein! Wer zählt schon nach.
Sie sind jetzt unter der Erden, doch auch sie haben einmal
ihren großen Tag, sie führen uns dies Bauwerk
effektvoll vor. Die Fremden sind gleichzeitig unsre
Fremdenführer. Der Führer ist uns heute ganz fremd
geworden, als hätten wir ihn nie gekannt. Sie haben am
Bau teilgenommen, die Fremden! Wir haben es ihnen
gestattet teilzunehmen. Wenn wir allen gestatten, am
Bau teilzunehmen, wie friedlich wird es dann in der
Welt zugehen. Da haben sie alle etwas für die Ewigkeit!
Wenn ich dich betrachte, Heidi, sehe ich kein
Gegenüber für das Destillat meiner Theorie. Deshalb
schweige ich lieber. Nein, ich spreche doch lieber, aber
ich spreche, wie man zu Frauen und Dienstbaren
spricht, damit sie einen verstehen. Manche Fremde verstehen
einen trotzdem nicht. Ich nehme gleich die großen
Worte und lasse die kleinen stehn. Damit keiner

nachfragt. Es würde zu lang dauern, bis er ans Ende meiner Worte käme, obwohl ich mich ansonsten eher durch Energielosigkeit auszeichne. Energie gewinnen wir aus Bastionen im Felsimperium, so wächst es empor, das Werk, stelle ich mir vor. Nur Einzelgänger, denen das Gebirg Beute ist, stellen sich so was im Ernst vor. Sie finden nichts merkwürdig, auch einen Weltkrieg nicht, weil sie ja immer so allein sind. Sie finden nichts annähernd Großes in ihrer näheren Umgebung, daher gehen sie es suchen. Wer soll ihre Größe am Türpfosten messen, an dem sie sich, zuhöchst aufgerichtet, gereckt, angestellt haben? Die übrigen leben überhaupt nur stumpf dahin. Der Torso, stumm in neuer Wirrnis Walten, so stumm, wie er Vergangnes überstand, ist Erbe und Verpflichtung seinem Land: Vollendungskraft darf nimmermehr erkalten! Österreich. Ganz neu. Keine Spur Dreck am Stecken. Das Wasser wäscht im Schongang immer alles weg. Die Ströme versiegen nicht, das Land hat nur letztlich auch: nicht gesiegt. Doch wem tut das heute noch weh. Wenn man eine Welt mit einem Krieg überziehen kann, kann man auch Städte mit Wolkenkratzern spicken oder einen Berg mit einer Mauer überziehen. Die 120 m hohe und 350 m lange Limbergsperre. 446 000 Kubikmeter Beton würden für dieses Werk noch benötigt. Dagegen kommt nicht einmal ein Flugzeug an. Aber woher nehmen und nicht stehlen? Also packen wirs an! Versucht nur, gründlich anders zu gestalten! Herkommen, Weg und Wille sei verkannt, vergessen, was Getreue ihm verband – Ingenium wird trotzdem sich entfalten. Das ist genau das, was die Ingenieure wollen. Und zwar stelle ich mir das Entfalten ungefähr so vor wie mit eisernen Handschuhen, damit wir uns nicht schon wieder die Finger verbrennen, denn diesmal bauen wir vor: Die Mooserbodensperre würde das Staffelholz als erste nehmen und mit ihrem eigenen Bau beginnen, damit sie einmal 104 m hoch und 462 m lang und an der Basis 70 m dick wird. Wenn sie endlich steht, läuft die Drossensperre weiter und unternimmt ihren Angriff, ich meine, sie wird in Angriff genommen werden. Sie wird 112 m hoch und 357 m lang. 335 000 Kubikmeter Beton werden darin verbaut. 1955 wird es fertig. Das ist die Logik des Werks, in der kein Fehler zu finden sein wird. Da laufen sie also, meine wilden Pferde, ich springe während ihres Galopps vom Rücken des einen aufs andre, mich verarbeitend mit den Massen, zu unlösbarem Beton. Die Mähnen erstarren, die Gischt, hochauf loderndes heiliges, leider gebändigtes Wasser spritzt vom Gebiß. Unbändiges Machtgefühl die Folge. Heidi. Du als Frau kennst das ja nicht. Was es heißt, etwas sehr Großes aufzubauen. Du kennst höchstens die Biene Maja, mit der du glücklich werden willst. Im Nachmittagsprogramm kommt ihr immer hintereinander, daher kennt ihr euch. Schau. Sie lauert schon hinter dem Projektor, um dich abzuschießen. Du siehst sie aber nicht. Sie fliegt noch hinter dem Strahl im Schatten herum. Es nützt ihr nichts, daß wir sie auf unseren Radarschirmen haben, die Schirme können wir abspannen, bevor noch der Abspann läuft. Der Blick des Wissenden gleitet bereits über sein Schicksal hin, der Blick des Tätigen über sein Produkt. Bei mir eine riesige Mauer. Mehrere Mauern. Die Krönung aller Mauern. Als wärs der erste Sitz des Menschengeselchten, ich meine des Menschengeschlachteten. Aus Tod wird Leben, aus Natur Beton. Aus Beton Tod. Wir steigen Pfade empor. In diese Landschaft, wo der einzelne nur schwer zu entdecken ist, haben wir uns zurückgezogen. Die letzten Tätigen. Ein gewaltiger Eindruck von zahllosen Einzeltaten, die eben nur der Tätige zustande bringt. Weg mit den Untätigen! Her mit den Schlüsselkräften! Das sind solche, die über eine besondere, am inländischen Arbeitsmarkt nachgefragte Ausbildung oder über spezielle Kenntnisse und Fertigkeiten und auch über entsprechende berufliche Erfahrungen verfügen und welche durch den inländischen Arbeitsmarkt nicht bedeckt werden können und so weiter und so fort, lieber fort, und lieber heute als morgen. Wenn wir sie heute nicht brauchen, kommen sie morgen im Flugzeug zurück. So weit haben sie es inzwischen gebracht. Derzeit können diejenigen, die von fern kamen, um zu bleiben, nur noch mit Erde bedeckt werden. Her mit denen, weg mit allen anderen! Her mit dem Bleibenden! So haben wirs immer schon gehalten und dann fallengelassen, was noch geblieben war. Her mit den einen, weg mit den andern! So. Geht schon wieder. Die andern sind endlich weg. Baba und fall net! Wiederschaun! Was, zu Ihrer Entlohnung müssen nicht durchweg mindestens

60 Prozent der Höchstbemessungsgrundlage, macht in Alpendollars 26 000.–, aufgebracht werden? Aussi! Marsch, aussi! So. Jetzt sind wir aber wirklich fix und fertig mit Ihnen. Das Feuer hat endlich alles ausgeglüht, was geblieben war. Ein Höchstmaß an Aktion war nötig, um das zu schaffen. So viele Menschen sind weg. Warum und wofür. Ein Mindestmaß an dem Warum und dem Wofür. Dann, mein lieber Freund, marsch, raus!, und jetzt, mein lieber Strom, es nützt nichts, jetzt bist du dran: Marsch, ans Netz! Und da windet er sich auch schon, der Strom, ein Fisch auf dem Trockenen, gefangen in unsren Plänen für einen neuen Fernseher, denn unsere Gattung muß und muß und muß: tun und tun und tun. Warum tun es dann nur so wenige? Warum dürfen es Fremde nicht, die keinen maßgebenden Einfluß auf die Führung eines Betriebes als Führungskraft haben? Nix dürfen die, marsch, weg da! Und du, Heidi, du liebe, schau lieber hin, ja, schau genau hin, so was siehst du nie wieder! Nimm zwei! Du darfst! Ja, du darfst! Schau hin! Die Landschaft! Dieser liebe kleine Faulpelz in seinem Faulpelzbett. Lieber hinauf zum Sport, in klüftenreiche Massive! Stemmt das Wasser und hopp! Na, diese Landschaft haben wir nicht gemacht, wir haben andre Landschaften zu Kleinholz, Dreck, Asche, Ruß und Müll gemacht, aus dieser haben wir zur Abwechslung einmal was gemacht, das ist ein Wunderwerk, wenn man nur fest im Betonsattel sitzenbleibt. Dann kann einem nix passieren. Mir sind, wie dir, Heidi, die Ebenen verhaßt. Ich habe ein starkes

Herz, das Herz des Ingenieurs, von jener Sorte, die an Fachwissen glaubt und nicht vor Hindernissen scheut. Doch leider gesellt sich dieser Tugend Verachtung zu, in dieser Hinsicht sind wir jedem Oberförster überlegen, der ja vor Tieren schon kapituliert, vor einem kapitalen Bock zum Beispiel, den er heute wieder nicht erwischt hat. Der Landschaft prägen wir uns ein, dafür garantiere ich mit meinen Betonmählern, die andre zubereitet haben und wir jetzt essen dürfen, in alle Zukunft hinein. Aber die Zukunft ist manchmal recht kurz. Und wenn sich der Begriff der persönlichen Leistung ändern müßte, wir Ingenieure würden ihm jederzeit gerecht. Und überhaupt. Ich kritisiere, daß es zwei Rassen gibt, die Herren und die Knechte. Ich persönlich finde das nicht richtig, und es tut mir jetzt sehr leid, daß mein Spaten diese Dinge gefunden und mein Geist diese Tatsachen erfunden hat. Vergessen wir sie wieder! Sonst sind wir verloren, weil die Knechte uns dann natürlich auf den Pelz rücken. Da kommen sie schon, im Dunst des Morgens. Kein Lüftchen. Den Wind machen sie selber. Hast du nicht trotzdem den Eindruck, Heidi, daß der individuelle Charakter dieser Landschaft hinter dem Charakter einer übergeordneten Gesetzmäßigkeit, einer ganz bestimmten beträchtlichen Aufgabe längst zurückgetreten ist? Strom liefern. Strom wieder abdrehn. Erd- und Luftbewegungen, eine zerfallene Kriegsindustrie, zermürbt durch Maschinen, die wir hier am Berg doch viel besser gebrauchen könnten. Aber ohne Krieg wird gar nichts. Ohne Krieg ist noch nie etwas ein Etwas geworden. Mit der Hand, der Waffe und dem persönlichen Denken ist der Mensch schöpferisch. Zuerst macht er Tote, dann macht er Beton, aber er hat schon oft beides gleichzeitig gemacht! Tote in Beton. Beton in Toten. Stell dir vor, Heidi! Gleichzeitig! Mit jeder Hand eins. Wir Techniker sind mit unsren Händen einig, aber unsre Hände oft nicht mit uns. Dann muß die Maschine her. Bittesehr. Heraus aus dem Wälderdunkel, du lieber Caterpillar!, vorwärts, los, eifrige Betonspinne! Wen du triffst, der steht nicht mehr auf. Macht nichts, das Baujahr hat ja auch seine traditionelle Ruhezeit, wenn die Lawinen losgehen. Vorher müssen wir noch alle wichtigen tachymetrischen Aufnahmen und Nivellements abgeschlossen haben, und dazu noch alle wesentlichen Schurfarbeiten auf dem Mooserboden, auf der Limbergalm, und zwar den Schurfstollen im Sperrenprofil, die Abdeckung einer Störung im oberen Teil des linken Sperrenflügels und die im Kapruner Winkel. Dankeschön für die vielen Fachausdrücke, aber meine Fächer sind leider voll. Es folgt der letzte sorgenfreie Winter, aber auch der folgt nicht uns, er folgt seinem inneren Gesetz. Unsres wäre das schwerere Gesetz gewesen, weil man es vorher aufschreiben muß, bloß damit sich wieder mal niemand dran hält, aber natürlich hat er das leichtere genommen, und zwar das Gesetz der Natur. Gegen die Natur wird man immer schuldig. Gegenüber der Natur bleibt man immer unschuldig, weil immer die Natur schuld ist. Sie ist stärker als wir. Daß wir diese vielen

Menschen, die zu uns kamen und von uns gingen, nicht bis auf den Grund verbrennen sollen, weil wir sie vielleicht noch benötigen werden: Oje, das hat man uns zu spät gesagt. Es war nirgends niedergelegt. Da legst di nieder! Hätte man uns das nur früher gesagt, dann hätten wir es rechtzeitig gewußt! Man kann ja nicht alles wissen. Jetzt steht das Skelett dieser Gletscherbahn in einem Linzer Hangar und harrt der Dinge, die da kommen sollen. Es kommen so viele Unschuldige, die gehn gar nicht alle in die Bahn hinein. Das wird uns vielleicht einmal schaden, daß wir vom Schönen geträumt und dafür das Falsche getan haben. Nein, das wird uns wieder nicht schaden. Nichts wird uns geschadet haben. Andre sind viel schlimmer als wir, und denen schadet auch keiner. Kein Schaden – viel Nutzen! Denk an unser Gespräch von vorhin! Warum funktionierst du noch immer nicht, Heidi? Filter verstopft, Turbine festgefressen? Unrunder Lauf? Woran liegts? Die dummen Böhmen, diese Urbösen in ihren urgrellen Hemden, bekommen jetzt eine aufs Haupt, was sie schon längst verdient haben. Wegen dem Atom, das auch sehr gefährlich ist. Davon will ich gar nicht erst anfangen. Es gibt immer etwas, das noch gefährlicher ist, und wäre es halb so hoch und halb so grün. Ich gehe bereits, ohne mich umzudrehn, ein Gebüsch entlang und wende mich anderen, wichtigeren Dingen zu: Ein Westwall fürs Reich wär auch nicht schlecht, Menschen bauen gern hohe Dinge, und den Wall brauchen wir nötiger als das, was uns blutig ins Haus gebracht und vor die Füße geschmissen wird: Tote, Tote, Tote. Hochachtungsvoll: Ihre Toten. Dürfen wir Ihnen unsre Karten dalassen? Danke. Sie kamen und sie gingen. Sie kamen nicht, um zu bleiben. Das Reich versteht uns nicht, nicht unsre Furcht, nicht unsren Übermut. Was wir jetzt aber wirklich brauchen, ist ein Nordbollwerk. Was wir jetzt aber wirklich nicht brauchen können, sind diese Toten. Wir brauchen sie nämlich lebendig! Wir brauchen sie lebend. Das hätten wir uns vorher überlegen sollen. Die hätten noch mindestens acht bis vierzehn Tage unsere Jausenbrote verzehrt, wenn wir sie am Leben gelassen hätten. Sie hätten noch halb lustig, halb ernsthaft in der Disco getanzt haben können. Aber diese andren Toten, die brauchen wir jetzt nicht mehr, weder lebendig brauchen wir sie, noch tot. Außer sie gingen noch einmal für Kost und Logis zu uns nach Hause und machten unsre Taten! Unsere Taten, die wir dann für unsere ausgeben könnten! Danach können sie von mir aus tot sein und tot bleiben. Aber jetzt brauchen wir sie lebendig! Damit das Werk entwachse grauem Baugewühle, vermähle sich der Berge stillem Reich! Was klar erdacht, hat seinen eignen Willen. Es siegte stets, Gegebnes zu erfüllen, und zwingt zur selben Ordnung nun auch euch. Habt ihr das gehört, ihr Toten? Warum hört ihr nie zu? Es zwingt euch zur Ordnung, und ist das nicht gut so? Nicht einmal unter der Erden kann der Ingenieur die Unordnung leiden! In meiner inneren Zartheit und äußeren Robustheit habe ich den Norden geschaffen und lasse den Süden derzeit unerwähnt, dort ist nur Wasser, was heißt nur, da kann man vielleicht auch noch was draus machen. Vielleicht schaffe ich auch noch den Süden. Eine solche Größe kann der Mensch erreichen, daß er in seine eigene Gipskopfform nicht mehr hineingeht. Er ist mit seiner Form nie konform. Er geht ja ausgerechnet dorthin nie, wohin er soll. Wie schnell würde die Gebärmutter ihm zu klein, ließe man ihn drinnen im eigenen Saft auch nur ein bißchen länger schmoren, und wärens nur vierzehn Tage. Sein Gericht wäre verdorben, noch bevor es tagen könnte, ich meine, bevor der Tag des Jüngsten Gerichts käme. Doch den Saft gibt ihm ja die Mutter. Unseren Saft gibt uns dieses Werk im Gebirg. Der Strom wird vom Wasser erschaffen und dann: gebündelte Energie in den Haushalten! Heiße Wasserstrahlen aus den Hähnen! Giftiges Gekrähe, wenn sie nicht rausdürfen! Und wärens nur die Waschmaschinen und die Trockner, die angetrieben werden, Menschenheere wurden jahrelang für sie angetrieben! Nur damit sie laufen können. Und sind sie dankbar dafür? Keine Spur. Ich meine, sind die Waschmaschinen dankbar dafür, daß sie heute Sport machen können? Keine Spur. Dafür hat es sich trotzdem ausgezahlt. Für uns hat es sich auf alle Fälle ausgezahlt. Halten Sie Ihr Haus fest, sonst trägt der Strom es Ihnen davon! Halten Sie Ihr Haus fest, sonst fliegt Ihnen noch jemand hinein! Schon geht er durch, der Strom, jedoch in vollkommener Lautlosigkeit. Wir machen dagegen mehr Lärm. Das brüllende Wiehern der

Gaststätten. Das graue Heer der Menschen in den Weltstädten muß zu Arbeitern werden, damit es sich bei der Demobilmachung nicht als ein Ferment der Zersetzung und Verwüstung in alle Winde und Winkel verliert. Der Krieg hat gemacht, daß die Masse der Menschen, das graue Arbeiterheer, wie viele es früher nannten, seine Kraft längst verloren hat. Das Arbeiterheer ist keine entscheidende Größe mehr, seit es seine Tierseele mit Krieg gefüttert hat. Die tödliche Belehrung des Kampfes wurde zur tödlichen Belehrung der großen Baustellen und deren Gegenstück, der großen Schuttplätze, wo endlich wieder Kameradschaft herrschte, so nennt man eine ganz neue systematische Unordnung, oder ist es eine unsystematische Ordnung von Arten des Lebens, in der man die Verwandtschaft von Ich und Du plötzlich erkennt. Die Verwandtschaft von Tier und Mensch, ich meine von Ausländer zu Ausländer, welche heute einmal die Tiere verkörpern dürfen, in entsprechend ansprechenden Kostümen, und außerdem noch von Mensch zu Ausländer, welcher dann ausnahmsweise einmal den Menschen verkörpern darf? Ein Adamskostüm werden wir für ihn schon finden, denn heute posieren die meisten so. Früher haben sie ihre Arbeit zum Markt getragen, heute tun sie es mit ihren Körpern. In der kühlen Frühe der Chor der Nackten, die nichts als sich haben, das ist etwas, das sie mühevoll an Maschinen aufgebaut haben, und da haben sie immerhin was vorzuzeigen. Auf der Werkbank des Strandes. Die Sonne geht auf. Eine Vielfalt der

Nationen beim Bau geht unter, manche davon freiwillig, die meisten nicht, vom Willen der Macht über das Fleisch wie über den Beton sind alle beseelt. Und die, die gar keine Seele haben, weil ihre Beschäftigung keinen Transfer von Investitionskapital mit sich gebracht hat, ja die, die brauchen wir nicht. Sollen bleiben, wo sie sind. Bleiben sie aber nicht. Im Bauch des Eurotrains durch den Tunnel kommen sie daher. Im Kühlwagen durchs Salzkammergut. Im Fangraum eines Fliegers. Am Steuerknüppel eines Fliegers. Na, das überleben die nie, und das wissen sie auch! Um der Lösung willen, die jeder für sich finden muß, wenn er überhaupt ein Mensch ist: arbeiten, arbeiten, arbeiten! Man fühlt, daß die Arbeit glücklich macht, daß sie die Seele bereichert und beschwingt, und darum haßt man sie und will sie nicht ausführen! Was? Ausführen wollen sie, die Fremden? Sich ausführen oder ihre Hunde oder was? Sich selbst können sie unmöglich ausführen. Sie dürfen ja nirgendwohin! Die sitzen in einem Schiff vor der australischen Küste fest, aber so weit müssen wir gar nicht gehen, wenn wir welche finden wollen. Wir müssen nur z. B. nach Afghanistan fahren. Nein, müssen wir gar nicht. In dem Müllcontainer neben der Westautobahn sind auch welche, das schwöre ich Ihnen. Außerdem: Was um Himmels willen wollen diese armen nackten Menschen noch alles ausführen, wo sie doch nicht einmal Herren ihrer selbst sind und ohnedies gleich tot sein werden. In den großen Arbeitskolonnen, unter Trennung der Geschlechter, werden die Arbeitsfähigen Straßen bauend in die fernsten Gebiete und vor die strengsten Kammern geführt, wobei zweifellos ein Großteil durch natürliche Verminderung ausfallen wird. Kein Wunder, daß sie lieber fliegen wollen. Und daß sie arbeiten müssen, das ist gut so. Immerhin haben sie Arbeit. Immerhin haben nicht nur die mit einem Abschluß einer Hochschul- oder Fachhochschulausbildung oder Flugausbildung Arbeit gefunden. Immerhin haben wir noch rechtzeitig ihre Arbeit gefunden, was hätten wir sonst angefangen? Wir hätten das Werk ja niemals anfangen können ohne sie! Der allfällig endlich verbleibende Restbestand an Menschen wird, da es sich bei diesem zweifellos um den widerstandsfähigsten Teil handelt, entsprechend behandelt werden müssen. Falls sie immer noch leben, wenn wir mit ihnen fertig sind. Besser, wir sind mit ihnen fertig, als daß wir warten, bis sie endlich fertig sind. Warten ist meine schwache Seite. Man hat mir diese Launenhaftigkeit schon oft zum Vorwurf gemacht. Das nennen wir dann die Sonderbehandlung. Was denn? Sie haben nicht gesagt was! Wir wollen es genau wissen. Es wäre aber besser, Sie schrieben etwas Persönlicheres. Das würden wir viel lieber hören. Wer die Sonderbehandlung überlebt, der hat nicht mehr viel zu sagen. Er darf vielleicht an unserem Aufbauerlebnis ehrlich Anteil haben, natürlich, nachdem er einen Antrag gestellt haben wird, ob er auch beim Abriß-Erleben mitmachen darf. Und dabei am Leben bleiben, das wäre fein, aber leider nicht durchführbar. Eher nicht. Er darf eher nicht weiterleben. Nein, der Antrag nützt ihm nichts. Ehrlich! Lassen Sie den Antrag, Sie werden nicht erhört werden. Vergeben und vergessen, das wollen Sie nicht? In dieser Hinsicht sind Sie nicht sehr liberal? Das tut mir leid, aber ich fahre heute fort. Alles vergeben und vergessen und bitte schreiben Sie uns doch einmal, wenn Sie wieder zu Hause sind, wenn Sie je dort ankommen, wir würden uns so freuen und mit uns würde sich unsre Hörer- und Sehergemeinde so freuen! Auch Sie haben schließlich Österreich mit freigemacht, wie schön für ihn und für ihn und für ihn, diesen und diesen und diesen Fremden, der zu uns kam und ohne uns wieder ging, bereichert um einen Lohnkampf, um einen Streik, um ein, zwei Schattenseiten, 86 Rinder, 10 Schweine, 31 Schafe und 102 Hühner – die Armen, so viele von denen, die kommen immer ganz besonders dran, die Hühner –, trotzdem, ein schöner Erfolg, diese Bereicherung, wirklich! Irgendwer hat es also freigemacht, er hat sich selber draufgeklebt, und dann hat er sich abgeschickt, um diesem Österreich ein ausreichendes Vorauseilen vor allen anderen zu gewähren. Vor allen andren Ländern. Vor den meisten anderen Ländern. Vor vielen anderen Ländern. Das Vorauseilen kann man zum Beispiel mit dieser Gletscherbahn erreichen, die als allererste auf der Welt 155 Menschen umgebracht hat. Das hat noch keine geschafft. Das hat sie mit einer Plexiglaskuppel, ein paar Litern umweltfreundlichen Hydrauliköls, einem Heizlüfter herkömmlicher Bauart, heute leider defekt, ein paar Pascheln

Dämmwolle und einem Lärchenholzkästchen geschafft, für diese ganzen Sachen, die ja geschützt sein müssen, besonders die Füße vor Zugluft. Gut stehn wir da. Wir schützen unsere Fahrer, solange wir können. Wir schützen unsre Fremden, solange wir können. Wir können jetzt nicht mehr, und auch die Fremden können nicht mehr. Sie kommen jetzt im Flugzeug wieder zurück. Wir bezahlen die meisten dieser Leute, die noch leben, sogar nachträglich noch! Wer kann so etwas von sich behaupten, nachdem so viele Unwahrheiten über uns behauptet worden sind? Wir zahlen nicht gern, aber wir zahlen. Ja, drängen Sie sich nicht vor, die Versicherung muß auch zahlen, aber sie holt sich noch was zurück, warten Sie nur. Dieser Zug ist genauso geliefert worden, wie Sie ihn hier sehen, nur war er damals noch ganz, ich meine heil. Das Tun der denkenden Hand nennen wir: die Tat. Das Tun des stummen Hundes nennen wir: das Suchen. Ja, such! Faß! Fremder, ja du, faß auch an! Du Fassender, fuß an! Du Fuß, tritt den Ball an! Kannst ruhig ein bißchen fester zutreten, na, wirds bald?! Tja, du siehst, Tätigkeit gibt es auch im Dasein der Tiere, aber nur Menschen denken Verfahren aus, um etwas so Großes und Schönes herzustellen. Das Kaputtmachen wäre viel einfacher, aber zuerst muß es ja stehen, nicht wahr. Man sieht mit eigenen Blicken, wie etwas zerstört wird, doch nur der Mensch kann aufbauen. Der Blick des modernen Arbeiters ist ruhig und fixiert, geschult an der Betrachtung von Gegenständen, aber natürlich nicht vom Anbetracht der Natur. In der Natur mehr: Niedertracht. Will uns auf den Kopf fallen, bis den wandernden Massen im Bier- und Heurigengarten oder den rollenden Massen auf der Donauinsel die Sinne schwinden und nicht mehr da sind, wenn die Frau sie womöglich einmal braucht, um vermöbelt zu werden. Bis man einmal ausrutscht und abstürzt. Reiß sie aus ihren Liegestühlen und von ihren Bierflaschen, Heidi, reiß sie heraus und ruf sie, damit sie als erste die Flamme wieder entzünden! Das Fleisch haben wir schon vorgeschnitten. Leider haben wir es ein bißchen verbrannt. Die Saucen sind jedenfalls anwesend, auch die scharfen, ja, auch die mit viel Knoblauch, grüß Gott, die nächsten Tage werden wir Sie wohl in diesem Zustand ertragen müssen, vielleicht sogar Wochen und Monate. Wie mag das auf unsre Blicke wirken, eine selbstgemachte Flamme in einem neuen Gartengrill! Eine selbstgemachte Flamme in einer Gletscherbahn! Eine selbstgemachte Flamme in einem Wolkenkratzer. Der Grill war ein Sonderangebot. Wie wunderbar, jede Farbe kommt daneben zu kurz oder sie kommt gar nicht. Wie die Frau. Entweder zu kurz, zu lang oder gar nicht. Das Fett spritzt aus der Seele des Empörers, das kann ein Mensch sein, das kann aber auch ein andrer Mensch sein. Und da spritzt auch was aus der defekten Dichtung der Ölleitung, was das wohl ist, das da die Dämmwolle tränkt? Das hat sie wohl vom Papa gelernt, das Tränken, ich meine das Trinken. Aber zurück zur Einzeltat, an der manchmal einer schuld ist, also an dieser jedenfalls nicht: Das Verhältnis zum Tod verändert sich sofort, wenn man sich der Standfestigkeit, aber auch der Durchlässigkeit des Gebirges versichert hat, das man ab nun für sich arbeiten lassen will. Die größte Herausforderung: Sogar der Fels, der Stein, das Geröll muß zusätzlich zum Menschen auch selber fest anpacken. Wir geben ihm eine Matte zum Ausruhen, einen mechanisch verfestigten Vliesstoff oder so was Ähnliches. Nur keinen mißachtenden Blick bitte, das ist doch eine großartige Erfindung: Die luftseitige Böschung hat die Aufgabe des Schützens von steilen Böschungen. Die wasserseitige Böschung bedarf der Erosionssicherung bei abgedecktem Filter. Im Stützkörper luft- oder wasserseitig, in der Dammaufstandsfläche findet Entspannung durch Filtern und Dränen statt. Passen Sie auf dieses Wort auf, Sie werden es noch öfter hören, weil es mir gut gefällt, es ist mein neuestes Lieblingswort, und ich habe die freie Auswahl über alle Wörter, die es gibt! Aber diese Geotextilien haben noch weitere Aufgaben, nämlich die wasserseitige Begrenzung von Zonen oder Schichten im Damminneren und auch an Dammaufstandsflächen. Na, irgendeiner muß ja den Aufstand wagen. Ich fahre fort. Doch ich komme nicht an. Hilfst du mir weiter, Heidi? Du weiche, schöne Intelligenz. Du als Frau wirst ja oft unterschätzt, ähnlich dem Wasser, das sehr stark ist, aber man merkt es nicht gleich. Man sieht es ihm nicht unbedingt an. Das Wasser arbeitet jedenfalls als selbständiger Unternehmer auf eigenes Risiko, es arbeitet nebenberuflich auch noch für die

Feuerwehr. Heutzutage muß jeder mehrere Jobs haben, um leben zu können. Das Wasser arbeitet auf eigene Rechnung. Wir haben ja dafür gesorgt, daß die Kriterien Mindestkapital und Arbeitsplätze Scheinselbständige verhindern, indem auch die Menschen eine Mindestkapitalsumme, nämlich sich selbst, einbringen müssen, nein, das ist zuwenig, sie selbst sind zuwenig, die einen zuviel, die andern zuwenig, was auch immer, sie selbst allein schaffen und sichern ja noch nicht eine bestimmte Zahl von Arbeitsplätzen! Und sie, verkleidet immer nur als sie selbst und nicht mit dem guten festen, leider brennbaren Nadelholz, damit es ihnen nicht zieht und damit auch kein andrer an ihnen zieht: Die werden keine Insolvenz- und Zuverlässigkeitsprüfung bestehen, dafür stehe ich persönlich grade! Dafür stehe ich gerade. Hinlegen kann ich mich nicht, die Leute stehen in ihren Schiausrüstungen dicht an dicht, wie die Ölsardinen in Hydrauliköl, das fängt schon bei hundert Grad zu brennen an. Nur das Wasser genügt sich selbst, allerdings fängt es auch bei hundert Grad zu brennen an, äh, nein, ich meine zu kochen, egal, es genügt uns, wenn es ins Rätsel Tauernwerk hineinfällt und auf der andren Seite zerschmettert wieder rauskommt. Es hat Turbinen angetrieben, das Wasser. Arbeiter muß man antreiben, aber das Wasser treibt selbst! Es kommt immer auf die Wassermenge an, welche Turbine man sich letztlich aussucht. Wir sind in dieser, nein, in jeder Hinsicht wie Goethe, der vor dem geheimnisvollen Kreislauf des Wassers kniet und nachschaut, wieso der Abfluß schon wieder verstopft ist. Herrgott, Herr Oberleutnant Stein: Sie haben ihn verstopft! Hier haben Sie ein sehr langes dünnes Rohr, das stecken Sie dort hinein, und dann schleichen Sie sich! Bevor ich an der Kette ziehe. Nein, nur keine Panik, es waren eh nur wir, und wir zählen nicht, und wir zählen nicht nach. Schau, Heidi, der See! Der riesige Stausee, und schau, dort noch einer und dort noch einer! Das ist die Ehrfurcht vor dem Unerforschlichen, das uns zwingt, es zu erforschen und dann zu benutzen, nachdem wir kapiert haben, wie es funktioniert. Vor dem Wasser knien ist besser als vergebliches Grübeln. Schau, das Wasser, wie es ganz es selbst ist! Super! Das Wasser. Wenn man es anschaut, würde es einen glatt überwältigen, daher stürzen wir uns drauf und überwältigen es selber. Wir bestimmen sein Ziel und wie es dorthin kommt. Aber dem Wasser muß man manchmal auch fest Gas geben, dem Wasser muß man, ähnlich wie dem Menschen, Gas geben. Man muß es ermutigen, damit es losrennt, das Gebirge umhalst und ihm Beute herausmelkt. Das Wasser muß sich dem Berg zu Füßen werfen, auch wenn es das gar nicht will. Frohlockend springt es mit seiner Beute um die Wette herum, seine Beute ist der Berg, der seinerseits glaubt, das Wasser wäre seine Beute. Richtig: Man hat das Wasser getäuscht, der Berg gehört ihm nicht, das Wasser gehört dem Berg, und der hat dem Wasser grad nur Tisch, Sessel, Bett vor die Tür gestellt. Er hat dem Wasser vorher aber viel mehr versprochen: Glücklich sein mit seiner bloßen Gegenwart!

DAS WERK

Dabei kommt es zu vielen Aussprachen und Mißverständnissen zwischen dem Wasser und dem Gebirg. Dann, als nichts mehr zu schlichten war als nackte Steine, kamen Menschen, die im Gebirge eine ganz schlechte Figur machten, vor allem, ganz im Gegensatz zum Wasser, von dem sies nicht gelernt haben: beim Fallen. Zu Recht wollten sie ihren Angehörigen diesen Anblick ersparen und sind in ihrer Rat- und Rastlosigkeit bald ins Nichts gestürzt und verschwunden. Bitteschön, das Wasser stürzt auch, aber man sieht wenigstens seine Leistung dabei. Bitteschön, dieses Haus stürzt auch ein und dieses dort auch, aber man sieht wenigstens die Leistung andrer dabei. Eingemauert in der Erden steht die Form, in der verbrannt so viele werden. Wir aber bleiben. Wir aber bleiben, indem wir sogar das Wasser zähmen und dann, kurz entschlossen, nachdem es uns durch die Finger geronnen und durch die Waschlappen gegangen ist, die Speicherwirtschaft dafür zuständig erklären, eine leider anonyme Behörde. Wir haben das Werk geschaffen, nachdem wir ausnahmsweise zuvor einen Begriff davon bekommen hatten. Meist wissen wir ja selbst nicht, was wir getan haben. Es entgleitet mir diese letzte Entgegnung, und ich führe sie rasch fort, damit sie glaubt, ich wäre ihr entglitten. Dann verlassen wir die großen Städte und gehen ewig suchend herum, durch die Landschaft, zu der wir zurückkehren, aber sie nimmt uns nun nicht mehr auf, wir sind inzwischen ganz allein. Das Gebirge ist uns nicht nähergerückt, es wird immer ferner, je eifriger wir ihm die Hygiene bringen, daß es sich in seinem eigenen Wasser waschen kann. Es ist uns nicht dankbar. Es ist uns immer überlegen. Wir mit unsren flachen Sonnen- und Sportkulten und Bakterienkulturen und Essens-Unkulturen. Jetzt haben wir also die Kapruner Ache eigens mit dem gesunden Bioöl geschont, und ausgerechnet das macht man uns zum Vorwurf, weil auch das Öl so schnell zu brennen anfängt. Da haben wir also unsere Taschen eigens mit dem gesunden Bioöl geschont, weil es billig und bekömmlich ist, und ausgerechnet das macht man uns zum Vorwurf. Es brennt leicht. Man hat das gar nicht gemerkt, als wir das Öl gekauft haben. Unsere Natur ist ohnedies mit Blut geschminkt, was wir auch tun. Verstehst du das, Heidi? Verstehst du etwa den Krieg, Heidi? Nein, du verstehst ihn nicht, du kannst ihn nicht verstehen. Denn dies ist ein ganz andrer Krieg. Jeder Krieg ist wie jeder andre zuvor: noch nie dagewesen. Es ist ein absolut einmaliger Krieg. Au, schon ist gleichzeitig in mir der Ethiker vom Praktiker erledigt worden, aua! Heidi, ich denke mir, du bist eine Art Blumenstrauß, der nie welkt und der den Toten endlos überreicht werden kann. Ihr Frauen unterscheidet euch vom Krieg durch eure feinen Wurzeln. Der Krieg geht, wohin er will, und dann läuft er sich in seinem Gerät langsam tot, und dann ist er wieder aus. Man muß ihn nur lassen, einmal ist er wieder aus. Ihr Frauen zieht erst weg, wenn ihr müßt. Der Krieg kommt und geht. Ihr Frauen bleibt und verkörpert, weil ihr nichts andres zu tun habt, das Bleibende, deswegen braucht euch der Techniker ja, ihr verkörpert, was sein Werk werden soll. Das Bleibende. Frauen. Es gibt ja von ihnen so viele, ihre Zahl kennt nur eine einzige Hand, und für die sind Menschen eh nichts als Handcreme, sie sind die Schmiere, damit auch Gottes Hand nicht rauh wird. Von den Frauen haben wirs gelernt. Vom Wasser haben wirs auch gelernt, welches Öl wir nehmen wollen, aber eher von den Frauen, sag ich mal so. Zum Braten und Backen was andres als für den Salat. Mit diesem Verhalten erzeugt sie eine Mischung aus Zufriedenheit und Unwillen, die Frau, weil man dauernd auf sie warten muß. Sie geht nicht, und nie wird sie fertig. Sie geht nicht. Oje, auch die Massen haben ja gar keinen Zauber mehr, wie sie da liegen, zerschmolzen, pulverisiert, zermahlen, zu Brei vermantscht. Das Bezaubern muß jetzt ebenfalls die bereits überlastete Gattin und Mutter und Schwester und Tochter übernehmen. Ihre Begierde ist nach einer Weile nicht auf den Vertreter des Arbeitsvorgangs beschränkt, sie will lieber einen mit sauberen Händen, der sich dann vom Blut des Arbeiters ernähren darf. Noch einer. Wieviel Blut diese Arbeiter haben! Als sie es empfangen haben, dürften sie es noch für einen Vorteil gehalten haben. Inzwischen wissen sie es besser. Die Frau ist ein Arbeiter, den man bei sich zu Hause hat. Da läßt sich eine gerade operieren, hast du das gesehen?, und gibt ihr Blut aus Brüsten und Schenkeln her, daß es nur so spritzt. Sie ist dann schlanker an jenen gewissen Stellen, die straffsitzenden Jeans beweisen es, allerdings erst Monate später, wenn die Stellen endlich wieder abgeschwollen sind, das hauteng Top beweist es auch, es hängt verzweifelt an seinen Spaghettiträgern wie der Bergsteiger am Fels. Genau so soll es sein, so war es gedacht, auch der Körper endlich ein Menschenwerk. Heute kann man die Menschen ja beliebig herstellen und ihnen jede beliebige Form geben. Im günstigsten Fall sind sie so schlank, daß sie in eine Schuhschachtel hineingehen. Nein, nicht in eine Schuhschachtel, denn sie sollen ja groß und schlank sein. Damals haben sie etwas andres geschaffen, heute schaffen sie sich selbst, die Menschen. Aber keiner schafft sich endlich fort, auf die Idee kommt er nicht. Er setzt sich in ein Flugzeug, aber nicht um zu reisen, sondern um etwas zu schaffen. Um etwas wegzuschaffen. Wir schaffen sie her, die Fremden. Wir stecken sie mitsamt ihren Schiern und Brettern in eine Bahn und aus. Was am Ende rauskommt, ist was andres als ein Mensch, es ist auf jeden Fall kleiner. Es ist praktisch, was wir können. Aber um den Rest auch noch wegzukriegen, dazu braucht man dann wieder einen Krieg, hoffentlich kommt er bald, sonst müssen wir noch in einen fremden Krieg ziehen, der gar nicht uns gehört und uns daher nicht stört. Oder wir müssen den Naturpark Hohe Tauern auch noch für den Tourismus öffnen. Das ist aber noch nicht nötig. Wir haben unter mehreren Kriegen die Auswahl. Na ja, wenigstens du bist ein Naturkind, Heidi. Du hast genügend PS unter der Haube, du mußt dich heute nicht auffrisieren lassen.

Heidi *(ist inzwischen längst eingeschlafen, erwacht jetzt wieder, aber nur kurz)*: O welch ein Wunder, Peter, daß wenigstens das Wasser dich versteht. Denn ich verstehe dich nicht. Kein Wort. Ich hab allerdings auch nur deine letzten Worte mitgekriegt. Das einzige, was ich gern wissen möchte, ist, ob im Damminneren hinter dem Dichtungselement flächenhaft abgeschottet langfristige Erosionssicherung durch Filtern und dieses Dränen stattfindet und welche Kontrolleinrichtungen zur Bestimmung der Druckverhältnisse im Damminneren angebracht wurden. Wenn ich das weiß, werde ich von Bauernsöhnen umtanzt werden, die dann weiter und in die Städte strömen wollen, nachdem sie es zuvor vergebens mit mir probiert haben. Ich bin eine Sirene, ich locke die Menschheit in die Fabrik, wo sie sich nicht einmal selber anbinden müssen. Das wird für sie erledigt. Wenn ich es nicht weiß, muß ich selber in die großen Städte ziehen, um einen neuen Ausdruck zu finden, zum Beispiel in den Sonnenstudios, wo jeder sein eigenes Handtuch kriegt, das im Preis inbegriffen ist. Ein flacher Kult, in welchem sich aber das neue Ethos der Sterilität sehr gut ausdrückt, findest du nicht, Peter? *(Schläft wieder ein, aber andre Heidis kommen an ihrer Stelle.)*

Die Peter: Mir fällt bloß auf, Heidi, daß deiner Aufeinanderfolge von Tatsachen keine adäquaten moralischen und ideologischen Begründungen folgen. Warum sonst würden sich Menschen schon zu Lebzeiten in einen Sarg legen, nur um irgendwann einmal gesünder wieder herauszukommen? Alle unsre Politiker müssen da durch, wie schauen die denn sonst aus. Aber ob das wirklich gesund ist, das ist noch sehr die Frage. Es ist noch nicht genügend erforscht. Und auch von einer Beziehung zwischen Individuen kann nicht die Rede sein, es ist vielmehr eine Leistung des gesamten Bundesvolkes als Sinnbild der österreichischen Volkswirtschaft, als Wunderwerk der Naturbeherrschung, wenn sich der Lichtdeckel auf dich, auf jeden einzelnen, herniedersenkt wie die Sonne aufs Glöcknermassiv. Bezähmte Gewalten. Männer, die gestalten. Ein neuer Arbeitertyp ist dieser Typ da, findest du nicht? Der dort eher weniger, eher der da. Alle, die Maurer, die Elektriker, die Ingenieure, die Zimmerleute, Kraftfahrer und Mechaniker und die Baraber, die nichts als schuften können, also diese Typen mag ich weniger, zumindest in unser Bräunungsstudio gehören sie irgendwie nicht, magst du sie vielleicht, Heidi? Alle sind sie letztlich doch neue Typen, urige Typen und windige Typen, je nachdem, ob sie auf dem Boden oder in einem Flugzeug sitzen, aber wenn du auf den Typenschein schaust, kannst du es lesen: Sie sind neu, sie sind noch nie dagewesen, bitte, sie sind vielleicht gar keine Menschen mehr, sie sind nur noch braun, wenn sie aus diesem Sarg wieder herauskommen, wo die liebe Sonne auf sie herunterprasselt, aber egal. Im Freien ist es gratis, hier kostet es halt was, es gibt Typen, die können sich das nicht leisten, tun es aber trotzdem, egal, man kann auf jeden Fall, wenn man die Bilder dieser gesunden jungen Menschen sieht, ruhig von der Verlängerung der Volksgemeinschaft mit anderen Mitteln sprechen, mit friedlicheren Mitteln natürlich. Also die tun keinem mehr weh, außer ihrer eigenen Haut. Der Natur tut es nicht weh, ob da einer mehr oder einer weniger liegt, und die Natur ersetzen wir durch eine natürliche Farbe, wie sie auch in der Natur vorkommt, nur daß die Farbe dort eben: natürlich ist. Wie soll ich es sagen, sie ist ja auch hier natürlich, nur kommt sie von der vielen Kunst in der Sonne. Ein Bräunungsstudio ist kein Kriegsschauplatz, kein Kampfplatz und kein Krieg. Ein Bräunungsstudio ist auch folgendes nicht, ich betone: nicht, obwohl der Mensch auch hier in die Natur eingreift, jetzt weiß ich nicht mehr, was ein Bräunungsstudio nicht ist. Es ist wahrscheinlich kein Puff, und es ist kein Flugzeug, weil in jeden Sarg immer nur einer auf einmal hineingeht. Aber der Mensch greift, solang er im Studio bleibt, um zu studieren, die Natur nicht an, nein, die würde er mit bloßen Händen nie angreifen! Dazu braucht er Geräte. Er greift die Natur nicht an, er greift die Bergwelt nicht an, er greift das harte Gestein nicht an, aber er könnte es, denn er ist voll fit. Er greift inzwischen sogar hohe Häuser an. Auch egal. Ich wollte eigentlich mein natürliches Empfinden hier bei dir abladen, Heidi, denn ich habe keinen andren Parkplatz gefunden: Nicht mehr der Arbeitscharakter bestimmt jedenfalls das Schicksal der Massen, sondern ihr Aussehen und ihre Kleidung. Und die Religion nicht? Ja, die Religion von mir aus auch, auf die kommts jetzt auch nicht mehr an. Das Äußerlichste, was es überhaupt gibt. Nein, die Religion ist natürlich das Innerste, was es überhaupt gibt. Aber zuerst zum Äußersten: Man verliert jede Ehrfurcht vor dem Fleisch, wenn es im bunten Jogginganzug antritt, na, der einfärbige geht irgendwie noch. Der Kaftan geht irgendwie auch, darunter sieht man die Figur dieses Menschen nicht mehr. Egal. Treten muß er immer. Zuerst treten, dann nachschauen, was man da getreten hat. Woran liegt dieser Mangel, den der Mensch so oft fühlt? Vielleicht daran, daß sich die Möglichkeiten des Lebens in zunehmendem Maße verringern, obwohl sie doch zuzunehmen scheinen, wie z. B. der Träger dieser knielangen hautengen Laufhosen? Der Direktor brät hier in diesem Institut neben dem Lageristen. Da gibt es keinen Unterschied. Nein, das ist kein Direktor, er gibt sich nur für einen aus, aber er ist Kleingeld, das ein andrer zurückgegeben hat. Die Wärme des Fleischs ist längst aus den kleinen Münzen gewichen, mit denen es Eintritt für sich bezahlt hat. Da geht es hin mit seiner Badetasche, diese blöden Hosen schneiden ihn blöd ein, aber das wird sich ändern, bald werden sie endlich wieder lockerer sitzen, wie Ohrfeigen. Was sind bloß die Ansichten solcher Menschen? Ich will mich gern mit ihnen beschäftigen, solang ich sie nicht allzu lang betrachten muß. Wenn die Gußform zerbrochen ist, schauen wir noch mal nach, ob dieser Mensch sich verbessern konnte und dieser dort auch. Nein, dieser nicht. Entschieden nicht. Die Pulsfrequenz stimmt bei ihm nicht. Meine Ansicht ist, falls es dich interessiert: Der Lagerist sollte sich lieber auf seine Palette legen, denn keiner hat ein Interesse daran, sich ausgerechnet aus seinen Farben einen andren Menschen auszumalen, der dann doch nur aussieht wie er.

Heidi oder eine andre Heidi *(erwacht, kämpft in Folge mit dem Schlaf)*: Warte, ich bring dir einen Kuli und einen Notizblock, dann wirst du, nach einer Prüfung, die das Beste und Innerste aus dir herausholen wird, und zwar mit den speziellen Fragen nach diesem Geokunststoff als Filter, Böschungsfilter, Wandfilter und Grabenfilter, dann wirst du ein Laufwasser-Ingenieur werden und natürlich dein eigenes Laufrad in deinem eigenen Käfig kriegen! So verloren ist der Mensch in der Natur, da gehn wir lieber ins Haus. Oder bestenfalls ein paar Meter vors Haus. Da ist eine sichere, schattige Bank, dort ist der Steinschlag, aber die frisch gezimmerte Bank wird vorher schon bei lebendigem Leib von Ameisen aufgefressen worden sein. Der Auftritt des Steinschlags fällt heute leider aus. Kommen Sie morgen wieder! Der Ingenieur steht allem zur Verfügung, was es gibt, und was es nicht gibt, erfindet er einfach, doch dieses Haus wird dann nicht mehr stehn, das er erbauet hat. Oder der Ingenieur macht etwas Großes deshalb nicht, weil es ihm heute noch zu kompliziert ist. Morgen ist das anders, dann kann er es vielleicht. Aber dann ist dieses Haus, das eigentlich er bauen wollte, bereits hin und weg. Der Mensch ist ein Raubtier und darf meist unbehelligt mit seiner Beute fortgehen. Da verwertet der Ingenieur lieber von vornherein Totes. Das zeichnet ihn schon als jungen Unerwachsenen aus. Das Tote ist oft sehr groß und prinzipiell gegen die Natur gerichtet, die zerstreut ihre Stirn berührt, weil sie Leben erschaffen wollte und nicht mehr weiß welches und woraus. Den Lehm haben wir schon bestellt, die Garage ist leer, dort können wir die Säcke vorläufig stapeln. Jetzt brauchen wir nur noch den lieben Gott, den wir vorhin nicht erreicht haben, wir sind nur fünf Meter tief abgestürzt, keinen mehr, keinen weniger. Vielleicht haben wir am Handy den falschen Gott angerufen, vielleicht wäre ein andrer Gott hier zuständig gewesen. Der Herr Generaldirektor hat vorige Woche zweihundert Meter senkrecht geschafft und liegt jetzt schon aufbewahrt, ich meine aufgebahrt inmitten seiner Belegschaft, da bin ich grad draufgekommen, als ich sein Auto gesehen habe, das, verwaist, mit hängenden Zügeln hinter dem Sarg hergezogen werden wird, obwohl es sich zu Lebzeiten nicht gern hat zügeln lassen. Der Mann diskutiert jetzt schon mit ihm über Wirtschaft, mit dem Herrn Gott, auf einer anderen Ebene, von gleich zu gleich, hoffe ich doch. Nein, er diskutiert eine oder mehrere Stufen tiefer, und auf Gott hätte er eh nie gehört. Der hat auf niemand gehört. Jedes Schaffen ist sinnlos und das Geschaffene meist auch. Die Natur ist stärker. Stärker als was? Keine Ahnung! Ein Haus vielleicht? Ihr Fleisch ist das bereitwilligste. Der Ingenieur bügelt die schlechten Gewohnheiten von

Jahrtausenden, die das Gebirge sich in dieser Zeit angewöhnt hat, wieder aus, doch hinter dem Rücken des Staudammbauers nimmt der Damm Gestalt, das Gebirg dafür schon wieder neue Unarten an. Da steht der Staudammbauer noch, er steht pausenlos, und dann steht er im Angriff und dringt vor. Und freilich, manchmal schlagen die Berge zurück, sie schlagen ja sogar diesen Generaldirektor in den Boden hinein wie einen Sargnagel und den dort auch, diesen Hobbybergsteiger, das machen sie jederzeit, die Berge, wenn sie dazu Lust haben, und sie töten und verwunden, wann und wo sie wollen. Die Berge. Es ist ein Kampf, aber es ist nicht ihr Kampf, sie brauchen nicht zu kämpfen, sie müssen nur blöd dastehn wie die begossenen Pudel, allerdings aus Stein. Es ist ein Kampf, aber kein sinnloser Kampf. Wenn es gegen diese Berge fliegt, zieht sogar das Flugzeug den kürzeren. Ist es die Legende vom Lied eines tapferen Einzelkämpfers zur Symphonie einer perfekt orchestrierten Gemeinschaftsleistung? Ja, es ist eine Legende, aber nicht diese. Die ist eine wahre Legende. Da müssen wir diese Volksgemeinschaft doch glatt, wegen allzu großen Erfolgs, verlängern. Heute sind also die Berge unsere Gegner. Schauen wir sie uns an? Aha, nicht schlecht. Die packen wir schon, wir haben ja, als österreichisches Wir-Kollektiv, schon ganz andre Sachen gepackt, aber auf halbem Weg stehenlassen müssen, weil die Beute zu schwer war. Jetzt sind wir selber Beute, weil wir so fett sind. Aber für andre. Die sollen ruhig kommen, wir werden sie schon wieder aufpäppeln. Wir mästen sie, bis sie so fett sind wie wir, na, nicht ganz. Sieh an, plötzlich hat die Moräne ihre Richtung um zwei Meter geändert, und schon sind unsre ganzen Berechnungen im Arsch. So eine Scheiße. Der deutsche Ingenieur ist insgesamt, wenn er alle seine Sinne beisammen hat, ein ganzes Rudel von Männern, die sich zufällig einmal nicht bekämpfen, sondern etwas anderes tun wollen, das in der Zukunft auch noch halten soll, denn sie haben kapiert, daß die Menschen eben nicht so lange haltbar sind wie ihre Erbaunisse, ihr Ablaufdatum steht ja schon auf ihrer Verpackung drauf, aber die Erlaubnis haben sie. Ich sage nur: Diesen Schianzug können wir nächstes Jahr sicher nicht mehr tragen, wie schaut denn das aus. Die Technik, etwas, das grobe Theoretiker erfordert, die von der Wissenschaft das Zeitgemäße fordern, oder war es von der Zeit eine gemäßigte Wissenschaft, die sich selbst beschränkt oder was jetzt, was war sie noch gleich, die Technik? Auch egal. Sie fordern natürlich zusätzlich Praxis, die Theoretiker, ja, Praxis fordern sie: diesen Chor der wilden Frische, der zartesten Frühe, der beim ersten Problem sofort wieder in klagende Einzelstimmen erstirbt. Gesungen von den bösen Deutschen, ich meine den blöden Deutschen oder den depperten Böhmen. Und ein paar in der Schafwolle bunt gefärbten Fanatikern. Also dieses schöne Kraftwerk gehört jetzt aber wirklich ganz uns. Das atomare soll der Böhme sich behalten und sofort abdrehn, der weiß eh nicht, was man mit dem Licht alles anfangen könnte, der kann ja nicht einmal das Kleingedruckte auf der Gebrauchsanweisung lesen, zu dieser Turbine will ich überhaupt schweigen. Aus der wird nie was. Die sollen sich einmal anschauen, was wir mit einem kleinen Heizlüfter samt Ventilator alles geschafft haben! Das sollen die uns erst mal nachmachen! Bitte, vielleicht hat uns das Kraftwerk ein paar Jahre lang nicht gehört, aber jetzt gehört es uns wieder, denn wir haben es mit uns selbst aus dem urbösen Deutschland wieder heimgeholt. Wir haben es begleitet, zurück aus Deutschland, damit ihm auch nichts passiert. Andre fliegen aus Deutschland ab, um noch mehr kaputtzumachen. Aber holen mußten wir im Grunde gar nichts, die Berge stehen eh schon bei uns, und wenn wir sie nicht nutzen, dann nutzt sie wieder ein andrer. Daß wir sie nutzen, ist eine patriotische Meisterleistung. Die Deutschen schauen durch die Finger und werden in Tunnels und auf Schipisten und auf den Autobahnen dezimiert, heute sind wir am Ruder und führen die Drückerkolonne an. Jetzt sind wir am Drücker. Die Deutschen sind schon von den Amerikanern abgelöst worden, kaum daß sie sich einmal umgedreht haben, die uns dieses Kraftwerk zahlen werden, sie wissen es aber noch nicht. Das ist eine eigene Wissenschaft, und auch die gehört uns, weil wir uns jetzt beherrschen. Denn wir haben diese Variante ausgearbeitet. Die Amis zahlen, aber Österreich ist der Besitzer. Ist ja egal, wem es gehört, der Strom gehört dann uns allen, er ist ein reines Naturprodukt wie unsere Kapruner Ache und das dazugehörige Schmieröl. Wir schauen jetzt nicht nach, wer da in der Bahn verbrennt, wir verbrennen sie alle, egal, welcher Nationalität sie angehören, ja, auch ein paar Amis sind dabei, die müssen ja überall dabeisein, sogar in ihren eigenen Häusern. Selber schuld, wenn sie die so hoch bauen müssen. So. Das haben sie jetzt davon. Man kann sie auch in den kleinsten Gehäusen umbringen. Wir haben etwas davon, das ist unser Wiederaufbau, und den lassen wir uns nicht nehmen. Wie schon das Wort sagt, war es ja einmal aufgebaut, und da ist es nur logisch, daß wir es wieder aufgebaut bekommen und nicht dafür zahlen müssen. Das nächste Mal werden wir auch nichts dafür zahlen müssen. Die Berge gehören allen, aber sie gehören natürlich uns. Und wir begeben uns jetzt geordnet auf ein andres Gebiet, die Hinteren bitte nicht drängeln, wenn kein Hammer da ist, was nun wirklich ein Hammer ist, dann schlagen Sie die Plexiglasscheibe eben mit ihren Schistöcken ein, ach so, falsches Stück, wir sind doch schon ein Stück weiter, wurscht, es handelt ja immer alles vom Tod, was ich sage, also die Vorderen sterben doch auch, und sogar schneller. Diese Dammaufstandsfläche zum Beispiel vermindert durch eine Auflage die Scherbeanspruchung und die daraus resultierende indirekte Beschleunigung des ziemlich brisanten Konsolidierungsvorgangs. Wieso brisant? Ich engagiere mich doch nicht mehr politisch? Das ist mir so was von egal, auch wenn sich unsre Zeit zufällig darauf beziehen sollte. Dann bin ich halt grad nicht zu Haus gewesen in meinem Gebirg. Wenn mich wer fragt. Stellen wir ihnen eine Plattform hin, den hervorragenden Ingenieuren, damit sie sich auf ein andersartiges Niveau darüber erheben können, egal über was und wie hoch. Wir werden schon sehn! Sie werden es direkt vor uns sehn! Sie lassen Wasser in ein riesiges Becken, und dann lassen sie es für sich arbeiten, nein, nicht für sich, für uns alle, die wir dermaßen besorgt sind um die Selbstdichtung des Dichtungskerns des Damms bei Rißbildung. In diesem Wrack steht das Wasser schon sechs Meter hoch, das schluckt irgendwann einmal alles. Und während wir noch besorgt sind, hat die bauende Hand ihr Werkzeug gefordert, um endlich wieder Waffe zu werden. Ihr Werkzeug ist ja immer: die Waffe. Es ist einfach unmöglich, daß die ausgebildete Hand auch nur kurze Zeit ohne Werkzeug tätig sein könnte. Was vom Menschen bleibt, sind er und sein Werkzeug, eins ins andre verkrallt. Ende. Das war auch schon die Definition dieses Gattungsexemplars Ingenieur. Ich bin jetzt damit fertig. Jawohl, so schnell. Ja, wo das Wasser hin will, ist wichtig, damit man es ausnützen kann. Also, was wirklich bedeutsam ist an diesen Geotextilien und was auch ich persönlich so an ihnen schätze, das ist die mechanische Filterfestigkeit und die hydraulische Filterwirksamkeit. Und dennoch kommt das Wasser immer näher, was soll man da machen, es kommt, es kommt – es steigt schon in den stillgelegten U-Bahn-Schächten hoch, meterhoch. Bisweilen unternehme ich auf ihm eine Kahnfahrt oder schwimme und tauche oder sitze an seinem Ufer in Ruhe und spiele im Schlamm. Ich bin seinen vitalen geistigen Anforderungen aber letztlich nicht gewachsen, und jeder Versuch, das arbeitende, rastlose Wasser zu beschreiben, muß von vornherein scheitern. Dieses Wasser bekommt von mir nicht noch mehr Atem geschenkt, es hat ja schon alles verschlungen und treibt immer noch: nichts an. Es bekommt von mir auch keine Gestalt geschenkt. Es bekommt von mir überhaupt nichts geschenkt. Es schenkt ja auch mir nichts. Das Wasser verbietet es sich, Geschenke anzunehmen. Aber stehlen, das geht. Dieses Wasser hat dem Gebirge Raum gestohlen, eine Kostbarkeit für manche, die ein Volk ohne Raum sind und jetzt endlich einen Raum gefunden haben, wo endlich kein Volk mehr war. Das wurde vorher abtransportiert wie Schutt. Wie Dreck. Jetzt fällt es mir wieder ein. So schnell fällt es jetzt, das Wasser, nein, schau lieber dorthin, in die Ferne, super!, das kreisrunde Stollenrohr in Beton, kunstgerecht, leichter wärs, ein Loch in den gutartigen und gut vorbereiteten geistigen Boden zu schießen, der danach alles mit sich machen läßt. Es gedeiht, was auch immer. Ja, auch Wasser. Es kommt, es kommt, es steht bereits vor unsrer Tür, um sich Leistung abzuzwingen, das hätten wir nicht gedacht, daß es so schnell da ist! Während wir noch in die Pedale des Heimfahrrads treten und den Schutt noch nicht annähernd aufgeräumt haben, schaufelt dieser Bundeskanzler, schaufelt der Herr Bürgermeister, schaufelt der Herr Präsident in gelben Gummistiefeln oder grauer

Regenjacke mit Wanderschuhen bereits Schlamm für die Kameras. Als ob er damit irgendwohin käme! Als ob wir alle auf einem Heimfahrrad irgendwohin kämen, wir werden nur weniger, ja, auf welche Gedanken es mich bringt, dieses herrliche, disziplinierte und doch leidenschaftliche Wasser! Ein Vergleich mit uns! Kein Vergleich mit uns. Und dann kann es nur noch sprengen, nicht springen, nicht entspringen. Und dann, wenn man schon denkt, es kommt nichts mehr, kommt von irgendwo ein Lichtlein her, und dann erst beginnt eine neue Tragödie des Menschen, weil er wieder einmal sehen muß, daß die Natur stärker ist und entschlossen an uns hochklettert, das habe ich doch vorhin schon gesagt. Das sage ich auch immer, wenn mir nichts mehr einfällt. Ich sage immer entweder das eine oder das andre. Warum fällt mir nicht ein, daß der Herr Speer doch diesen Versuch mit der selbstverantwortlichen Bauindustrie gemacht hat, aber der wurde schnell wieder abgebrochen und ist in die sterile Herrschaft der Organisation Todt, jawohl, so heißt sie, umgekippt und ausgeartet. Kein Wunder ist das. Wer würde denn je selbst verantwortlich sein wollen? Das Bauen läßt sich nicht militarisieren. Man holt die Leute, nutzt sie ab, bis man sie nicht mehr verwenden kann, und dann schmeißt man sie weg. Und dann schüttet man das Gebäu auch weg. Wozu brauchen wir da das Militär? Die bleiben von alleine da, die Kriegsgefangenen nett hinter Stacheldraht, die Toten in Säcken, zum Bedauertwerden ausgestellt oder niedergelegt. Wieder keiner da zum Bedauern⸮ Also an uns liegts nicht. Es waren Tausende bei diesem wunderbaren Konzert, wo die Toten bedauert wurden. Jetzt schauen Sie sich einmal diese drei kleinen Urkrainer, nein, wollte sagen Ur-Oberkrainer, Blödsinn, diese original Käsekrainer, auch nicht, schauen Sie sich diese drei kleinen Ukrainer an, jetzt hab ichs, Ukrainer, die sind kaum fünfzehn gewesen, jetzt sind sie schon über sechzig, und wutsch, kaum haben Sie sie einmal ordentlich angeschaut, sind wir schon weitergegangen und haben sie zum 40-Jahres-Jubiläum der Tauernkraftwerke eingeladen, natürlich 40 Jahre älter jetzt, aber auch noch nicht alt, wenn Sie das mal alles zusammenrechnen, persönlich sollen sie noch einmal, aber diesmal besser, herkommen zu uns, aus ihrer endlosen Wildnis, wo die Leute auf Bäumen sitzen und auch dort nichts zu essen finden. Eine symbolische Geste der Wiedergutmachung, das Gute liegt hinter uns, jetzt machen wir es wieder gut, noch einmal, so, es ist bereits wiedergutgemacht, das war 1994. Ja, schon im Jahre 1994 haben wir alles noch einmal wiedergutgemacht und diese drei kleinen Urkrainer eingeladen zu uns, weil der Verbund erforscht hat, daß die damals bei uns waren, aber gefallen hat es ihnen beim ersten Mal nicht so gut. Na, vielleicht gefällt es ihnen heute besser, ich frage sie gleich einmal, ja, es hat ihnen sehr gut gefallen, das schöne Jubiläum, das gute Essen. Das hätten die sich nicht gedacht damals, als sie von ihrem Dorfältesten, ach, nur zwei von ihnen, einen haben sie so eingefangen⸮, als sie damals von ihrem Dorfältesten hergegeben und zu uns geschickt wurden, ganz ohne Essen. Das hätten sie sich nicht gedacht, daß sie einmal so schön zu futtern haben würden bei uns. Und vierzig Jahre danach sogar noch einmal so schön! Sie haben bei unserer Feier nicht arbeiten müssen und ein schönes gutes Essen bekommen. Sie sind unsrem damaligen Fehler freundlich begegnet. Diese Einladung ist eine Anerkennung ihrer damaligen Leistungen, eine Anerkennung, die auf einem breiten, schönen Pfad neben dem Stausee dahinwandelt und aufs Wasser hinausschaut, wie schön, wie schön, nur keine Ungenauigkeiten, was das Eigentum betrifft, jetzt! Dieser See gehört uns. Diese Männer haben uns den Boden bestohlen, ich meine bestellt, und jetzt haben wir den Damm da und den Strom, ja, kommen Sie uns nur vor Augen, Sie werden schon sehen! Sogar ich Stubenhockerin sehe es ja ganz deutlich: drei kleine Ukrainer! Ich sehe sie, ich brauche Ihren blöden Feldstecher nicht, damit ich sie sehe, ich bin ja keine Biene, nein, auch diese berühmte Biene bin ich nicht, die schon gar nicht, und so fleißig wie die bin ich schon gar nicht. Eine Reise in den Süden ist für andre schick und fein, doch drei kleine Ukrainer möchten gern zu Hause sein. Drei kleine Ukrainer, die sind so allein, eine Reise in den Süden ist für andre schick und fein, doch die kleinen Ukrainer möchten gern zu Hause sein. Drei kleine Ukrainer, am Bahnhof, da kennt man sie, sie kommen jeden Abend zum D-Zug, äh, jetzt fällt mir keine ukrainische Stadt ein, die sich darauf reimt, drei kleine Ukrainer, die schaun hinterdrein, eine Reise in den Süden ist für andre schick und fein, doch die kleinen Ukrainer möchten gern zu Hause sein, weibliche Vornamen, o Tina, o Marina, wenn wir uns einmal wiedersehn, o Tina, o Marina, dann wird es wieder schön. Aber erst einmal krempeln wir uns die Hosen auf, ziehn die Schuhe aus, die ja selber nichts aushalten, und gehen in den Stollen, wo wir uns festfressen im Fels. Wir gehen ins Erdgeschoß, wo einfach gar nichts mehr da ist, aber das Nichts ist sehr viel. Da brauchen wir Monate, bis das Nichts weg ist. Und auch aus dieser Dichtung werden wir gleich wieder ausgebootet, ist eh besser, bevor sie unter den Flammen aus dem Heizstrahler schmilzt, oje, wenn wir damals ein Boot gehabt hätten, da wär es leichter gewesen, dann wären unsre Gelenke jetzt nicht dermaßen hin, lang vor der für sie vorgesehenen Zeit. Aber wir kennen keine Menschen mehr, wir kennen nur noch Kapruner. Mit der Zeit werden auch Sie das einsehen. Ja, mit der Zeit, vor der Zeit, die wiederum uns vor sich hertreibt, man weiß nicht, wer wen oder was antreibt, nach so langer Zeit, keine Ahnung, wieso die Zeit so lang ausgefallen ist, und sie fällt immer zum falschen Zeitpunkt aus, wenn man noch ein paar Seiten in sich lesen möchte. Die Zufriedenheit unserer Treiber stört uns heute nicht mehr. Wir grollen niemandem mehr. Wir sind so dankbar für diese Einladung mit einem Mittagessen und einer Jause und der Fahrt gratis und einer interessanten Besichtigungstour unserer ehemaligen

DAS WERK

Arbeitsstätte, die heute nicht wiederzuerkennen ist. Die ist ja fertig! Wie wir. Daß Menschen nicht vergessen können, daß sie sich denen nicht mehr nähern können, die ihnen einmal etwas angetan haben, ist wohl nicht mehr zeitgemäß. Unser Unwille über andre läßt diese kalt, warum also noch unwillig sein¿ Unwillige haben noch nie einen Staudamm oder einen Wolkenkratzer errichtet. Wie schwer wurde es uns doch damals gemacht, ihn zu errichten, den einen wie den andern, und jetzt ist der einfach da, der eine wie der andre, unglaublich. Manchem wird es wiederum schwergemacht, gesund zu bleiben, und das ist viel schlimmer. Aber es ist eben so. Die einen bleiben gesund, die andren nicht. Jede Waschmaschine kennt dieses entsetzliche Schicksal, das über ihrem Haupt schwebt, aber die darf immerhin in Ruhe verkalken und alt werden. Und der Bauindustrie fehlt ja immer was, einmal der Brei, einmal der Löffel, wie Goethe sagte. Einmal sind Menschen da, dann ist Beton da, aber nie beides zugleich. Und einmal sind alle auf einmal weg. Ich glaube, das wird meine Verantwortung: Als der Beton da war, waren die Menschen nicht da, daher gibt es diese Staumauern gar nicht. Und als die Menschen da waren, war der Beton plötzlich nicht mehr da. Eine gute Idee, was¿! Hör mal meinen zustimmenden Faktor zu dem, was wir Menschen tun, wenn auch manchmal ungern, Peter, aber dabei Mensch geblieben zu sein, das ist unsre Leistung: Ganze Rassen bleiben ja innerlich zerstört, gebrochen, der Unfruchtbarkeit und Zerrüttung verfallen. Aber du nicht und ich nicht, du: Deine Pflichten klar und deutlich erblickend, du nicht! Opfer auf dem Platze: die anderen. Ich selbst rette mich durch einen kühnen Sprung auf die Wiese, die noch nicht für das Werk angebrochen wurde. Mit gebundenen Knöcheln weghinken, mehr können sie nicht tun, die andren. Immerhin. Soviel zumindest können wir diesen schwächeren Rassen bieten, deren Mutter ich nicht sein und auch nicht werden will, wenn dieser Bau mit ihnen fertig ist. Nicht einmal durch eine neue Liebe würde ich eine Mutter von solchen werden wollen, Peter! Das würde ja Jahre dauern, bis die Herren der Welt geworden wären und damit wieder nur Sklaven der Maschine. Na, erst mal sind sie unsere Sklaven und müssen sich keine Sorgen mehr machen und legen sich unter die ungeheuren Liegestütze, ich meine Lawinenstürze, die nicht einmal vor dem Almvieh haltmachen, sie legen sich in die Seilbahn, die aus dem Wäldchen nördlich des Eisbichls in einer Spannung das Stollenfenster im Fuscher-Eiskar erreichen sollte, nein, für so was gebäre ich niemanden! Es steht sich nicht dafür. Dafür holen wir uns ohnedies bereits fertige Menschen her. Ich gebäre doch nicht, damit die Maschine dann alle meine Kinder ohne Ausnahme in ihre Richtung treibt, um sie zu fressen! Soll sie doch andre fressen, die schon anwesend sind! Mein Kind, der gestürzte Sieger, ist gestern mit dem Motorrad verunglückt, schrecklich!, die ganze Nation nimmt Anteil, ohne je Anteil an ihm haben zu können, jeder andre würde von dem rasenden Gespann Maschine zu Tode geschleift, aber mein Sohn nicht, der ist die Geschwindigkeit gewöhnt. Übermensch Hermann. Und doch, er ist nichts als ein Auto, ich meine, er ist nichts gegen ein Auto, wenn er sich diesem in den Weg stellt. Und dieses Haus ist nichts gegen ein Flugzeug, wenn es sich diesem in den Weg stellt. Na, fahren muß es schon, das Auto. Sonst passiert gar nichts. Der Hermann ist derzeit schon wieder fast gesund, er lacht schon über sein Mißgeschick, und er wird wiederkommen. Er ist die Geschwindigkeit gewöhnt. Und wir? Heute sind wir doch alle Besitzer kleiner und kleinster Motoren, finden Sie nicht? Nur in den Weg stellen sollten wir uns ihnen nicht. Das ist fein, daß wir noch ausweichen können. Ich würde wahrscheinlich, wenn überhaupt, aber lieber nicht, ein Kind gebären, dessen Denken entfesselt wäre und das dann doch nur Autos in Wolfsburg oder Ingolfingen, ich meine Ingolstadt und Sindelfingen, Köln und Stuttgart zusammenbaute. Aber dort bleibt mein Kind dann wenigstens, es wird von dort nicht abtransportiert, es darf bleiben, weil man es genau dort und nirgendwo sonst braucht. Die Autoindustrie können Sie nicht so schnell verlagern, neinnein, die ist von der Zuliefererindustrie vollkommen abhängig, Reifen, das ja, Conti nach Ungarn oder Tschechien, das schon, aber nicht Autos, nicht so ohne weiteres. Da sind unsere Kinder als Arbeiter heute schon mobiler als diese Autos, die auf ihre Herstellung warten. Mein Kind, ja, was würde aus ihm? Wenn ich es recht bedenke, sollte niemand mehr Kinder haben, denn irgendwann einmal geschieht es, daß das Denken meines Kindes seine eigenen Folgen nicht mehr zu erfassen imstande sein wird. Dieses Kind trinkt Alkohol. Dieses andre Kind geht ins Puff. Das Denken bleibt zurück, der Mensch schreitet oder fährt oder fliegt voran. Und wenn er nicht will, dann geht man ihn eben holen. Schon den ganzen Daimler-Chryslerscheiß könnte mein Kind nicht in dessen entsetzlicher Gesamtheit erfassen! Wer könnte diesen dauernden Qualitätskontrollen gerecht werden? Schon bei der geringsten Kleinigkeit ruft man sie wieder zurück. Mit den Menschen geht das nicht. Aber bis dahin ist ja die Zivilisation selbst eine Maschine geworden, befürchte ich. Oder meinst du etwas andres, Peter? Daß sie unsre Opfer werden, unsre eigenen Kinder? Andre Kinder? Ganz fremde Kinder? Hergeholt und dann 30 Prozent Schwund? Wer zahlt die Ausfallshaftung? Egal. Das können wir gut verkraften. Wir können ja bis zum Ellbogen in Menschen wühlen. Ex und hopp. Das rechnet sich besser, als wenn wir sie gut ernähren würden, die fremden Kinder. Diejenigen, die schon heute Sklaven sind, stehen bereits fest. Sie haben sich allerdings nicht freiwillig gemeldet. Brauchen sie auch nicht, sie sind ja gekennzeichnet, und ihr Kennzeichen kann in der ganzen EU erkannt werden. In den USA leider nicht, dort kennen sie noch nicht die Zeichen. Sie reißen mit blutigen, zerfetzten Fingern dem Wasser seinen Weg aus dem Fels heraus, unsre Sklaven, die eigens Zimmer in Motels oder Apartmenthäusern mit Pools mieten müssen. Wasser ist wie ein Stoßtrupp, der mich in die Wälder begleiten darf. Ich ziehe mir jetzt die Schuhe aus, überreiche sie wem auch immer und gebe meine Kapitulation bekannt. Dieses Wasser reißt zu stark an mir. Solche wie du sind ihm vielleicht eher gewachsen. Männer! In den Kampf! Worte entringen sich, Anlässe, vergnügt zu sein, gehen auch wieder vorbei, wenn wir nur lang genug warten. Und ihr, Maschinen, in Angriffen gehärtet, schmeißt ihr euch wenigstens ins Zeug, legt euch in die Treibriemen! Und du, Wasser, stürz dich in die Turbinen! Wenn es freiwillig geschieht, ist es kein Mord. Also versuchen wir es noch mal, das Wasser mit einer individuellen, etwa romantisch, technisch oder idealistisch gefärbten Sphäre in Verbindung zu bringen, und schau, wieder mündet dieser Versuch unmittelbar in das Sinnlose, ins Schilf, in die Wasserrose, in die Iris, in die Alge, in die Sumpfblüte, ins Kraut, ja, wenigstens dort hinein darf es tüchtig schießen, wenn es unbedingt schießen muß. Unvergleichlicher Dreiklang aus stürzendem Wasser, Fels und dunklem Wald, ertöne! Ertöne bitte noch einmal, vorhin hat das Aufnahmegerät nicht funktioniert oder ich habe den falschen Knopf gedrückt, ertöne bitte ein zweites Mal, denn die Technisierung der Landschaft und Leidenschaft ist unvermeidlich und natürlich auch prompt eingetroffen. Da wollen wir dich, liebes Wasser, wenigstens noch einmal gehört haben, wenn wir dich schon nicht mehr sehen können. Oder doch lieber sehen? Na, immer noch besser als Übersehenwerden! Wasser, an dir kann man sich gar nicht sattsehen! Also probier es halt meinetwegen mit dem Stauwerk! Von mir aus. Ja: von mir aus! Stell seinen Knochenbau ins Gebirg und mach ihm ein Fleisch, für mich, nur für mich! Etwas Fleisch fürs Wasser bitte! Gekocht schmeckt es doch auch ganz gut, oder? Fleisch im Betonmantel. Zehen im Brotteig. Her mit der Mauer! Her mit allen Mauern! Die Mauer wird dann natürlich sofort wieder zusammenprallen mit Gegenständen und Zuständen höchster Geschwindigkeit und gleichzeitig Festigkeit: mit Wasserblöcken, hart wie Beton, härter als jede Mauer. Ich denke mir, wie wir da wandern und wandern und lächeln und lächeln wie eine ganze Regierung auf einem Balkon. Ja, Österreich ist jetzt wirklich frei wie alle andren Länder auch, na ja, fast alle, kein Zweifel mehr möglich, es ist schon wieder freier, jeden Tag ein Freier, jeden Tag schmeißt es sich an einen andern ran, ein Papier wird zum Beweis dafür emporgehalten. Schauen Sie! Endlich. Wurde auch Zeit! Jetzt bauen wir endlich auf und fertig, ich meine, jetzt bauen wir endlich fertig und aus! Mindestens ein Drittel haben eh schon andre für uns gebaut. Ich denke mir, daß wir das Wasser einmal wenigstens zu Gesicht bekommen sollten, oder was meinst du? Macht es jetzt genau das, was du von ihm erwartet hast, oder macht es etwa etwas anderes? Macht es etwas Gutes für den Mittagskaffee? Macht es eine Überschwemmung, die ganz Polen in seine mitreißende Leidenschaft mit hineinzieht? Eine Überschwemmung, die dieses ganze Haus, zumindest was von ihm noch übrig ist, auf seinen Rücken nimmt und einfach davonträgt? Was meinst du, Peter? Ach, da ist es ja schon, das Wasser. Danke, und bitte, lassen Sie sich später auch ein wenig in meinem Garten sehen, liebes Wasser, der hat es bitter nötig, glauben Sie mir. Der Schlauch kann es kaum erwarten, daß Sie kommen, und der neue Goldregenstrauch auch. Also Sie sind schon wirklich sehr groß, das muß ich zugeben. Es bedarf einer unendlichen Bereisung, um Sie kennenzulernen, liebes fallendes Wasser. Es bedarf einer unendlichen Vereisung, um Sie länger als Sie dachten bei uns festzuhalten. Ich verbeuge mich vor Ihnen. Kurzum, Sie bedürfen ganz offensichtlich der Führung wie der Mensch, der Fronten bauen kann, jene Abstraktion, jenes Bild eines Schlachtungsvorgangs. Ich meine: Schlichtungsvorgangs. Würde Ihnen das gefallen, Wasser? Daß Sie eine Mauer werden? Oder würden Sie lieber der Mauer die Verantwortung für Sie überlassen? Wenn Sie schon keine Balken haben, werden Sie doch wenigstens selber eine Mauer, bitteschön! Dann brauchen Sie zu Lebzeiten keine Mauer mehr, dann sind Sie eine, und wir ersparen uns viel Arbeit mit Ihnen. Das Los meiner Seele ist es leider, weich zu sein. Aber Sie haben ja noch die Wahl, liebes tätiges Wasser. Was? Lebendig und doch schon tot? Hart oder weich? Also schön. Ich beschreibe Ihnen etwas, das Sie später zu gestehen haben werden: Die Front mit ihren Armeeverbänden, die sie umwickeln, bis sie sich nicht mehr rühren kann, die Front. Keine Sorge. Inzwischen ist alles vorbei. Es gibt keine Fronten mehr. Und neue werden erst gebildet, aber aus Gebildeten bestehen sie nur selten, oje. Die Menschen werden jetzt an Ort und Stelle vernichtet, in diesem Fall 160 Stück beim Kraftwerksbau Kaprun. Das ist ja ein Witz. Das ist gewiß nur ein Bruchteil einer Zahl, die wahr sein könnte, peile ich mal so über den Daumen und drücke ab. Wer bietet mehr? Ich sehe, dort werden über sechstausend geboten! Dieser Friedhof ist eine wahre Lagerstätte für Heere! Zum Glück liegt er etwas abseits, im Schatten, man muß glatt das Licht anknipsen, um ihn zu finden. Und wenn sie umfällt, die Mauer, kommen noch etliche dazu, die dann auf herrlichen Ingenieurswanderungen gefunden werden, im Gras, unvorhergesehen, grad, wenn wir die Überschreitbarkeit der Felbertauern prüfen wollen, kommen sofort Knochen ans Tageslicht. Als hätte sie nur drauf gewartet, daß die Sonne ihr Lämpchen wieder auf sie wirft. Das sind Knochen von denen, die wir nicht mehr einmauern oder eingraben konnten, weil keine Zeit mehr war. Dafür dürfen wir sie jetzt fressen, wir haben sie ja eingegraben, damit sie schön weich werden und unsere Kiefer sich beim Kauen nicht anstrengen müssen. Immerhin. Von andren Toten ist gar nichts mehr übrig. Na, der Vormittag wird auch bald überstanden sein, lesen Sie nur weiter. Wir mögen innere Konflikte austragen, wir mögen ausgerechnet als Adel, ja, als Adel sogar am liebsten!, wie er im Heft steht, in Erscheinung treten wollen, feststeht: die Arbeiterheere, die wir dafür brauchen, werden aus- und eingelagert, für später, irgendwann später. Und wenn wir sie dann benötigen, sind sie zu nichts nutze, wir müssen sie im Hochgebirge erst mal schulen! Die haben so was ja noch nie gesehn! Die sind ja noch nirgends gewesen, nicht einmal in Caorle. Erst schulen, dann erst die Schuhe geben. Sonst wärs doch schad um die Schuhe, wenn sie die nicht mehr brauchten, bevor sie, frisch geschalt, ich meine geschult, zum Einsatz kämen. Wenn sie schon vorher runterfliegen wie die Adler. Warum wird in allen Völkern dem edlen Blut der Vorrang eingeräumt? Haben Sie sich das beim Fernsehn noch nie gefragt? Und was tut man, ist der Vorrang einmal eingeräumt und das Vorurteil dafür ausgeräumt, statt dessen hinein ins liebe gute liebe Volk? Womit können wir es würzen, damit es bratfertig ist und sich endlich selber frißt und die andern Völker in Ruhe läßt? Das muß man sich ja auch überlegen. Da liegt es jedenfalls, das Volk, wenn Sie es brauchen. Irgendwas muß dort eingeräumt werden. Tja, die Sklaven müssen vorher wenigstens nicht stundenlang noch wohin fahren und sich in einen Graben schmeißen, wo knie-, hüfthoch, brusthoch das Wasser steht. Sie dürfen in die Berge fahren! Die haben das große Los gezogen! Ist das nicht geil?! Total weit hinauf! Aber das nützt auch nicht immer, daß man ganz hoch hinaufsteigt. Ein Ausflug nach Kaprun, der noch nicht, aber bald weltberühmten Sehenswürdigkeit, und zwar auch, ohne daß man überhaupt was davon sieht!

Sogar in der dicksten Nebelsuppe, die man kaum runterkriegt. Eine Riesenchance! Bald wird man es sehen. Würdig wär es jedoch, daß man es jetzt schon sieht! Es ist immer würdig, gesehen zu werden. Es ist ein einmaliges Ereignis, diese Sehenswürdigkeit zu sehen. Und dort, auf diesem hohen Niveau, dann ein tätiger Mensch werden, das ist das Allerhöchste, was es gibt. Das ist mehr als 3000 Meter hoch. Das Höhenlager, wo die Russen gelagert werden, immerhin auch noch 2000 Meter. Es war unausweichlich, etwas so Hohes und Großes zu planen und auszuführen, und man erliegt diesem Hohen und Großen und Unabänderlichen und Unvergänglichen, indem man nicht rastet, nicht rostet und vom Großen, das ja auch arbeiten will, obwohl es nicht müßte, zermalmt wird. Nein, widerstehen geht nicht. Was, Sie wollen ihm ohne Rücksicht auf sich selbst widerstehen? Also, dieses Widerstehen wird kein Überstehen sein, das kann ich Ihnen leise flüstern, während meine Lieder noch flehen, ich meine vor mir fliehen, aber mein Flüstern ist durchdringender als jedes Lied, auch das Lied der Männer von Kaprun. Wir haben dieses Werk als notwendig erkannt und ausgeführt. Aber auch der Berg seinerseits bleibt derweil nicht untätig, das werden Sie dann schon sehen, was er macht. Die Baujahre hier haben gewaltsame Wirkungen. Jedes ihrer Jahre wirkt wie zehn Jahre woanders. Da löst sich ein Felsblock aus der Wand über dem Hauptlager und schlägt ein paar verspätet frühstückende Arbeiter in den Boden hinein, wie viele sind ein paar?, na, ein paar werdens schon sein, schätze ich mal! Eine Lawine streift auf Zeferet ein Barackeneck und tötet den dort sinnend ausschauenden Bauführer. Und wen tötet sie sonst noch? Wen hat er noch mitgehabt, der Bauführer, der Kranführer, der Kranke, der Polizist, der Feuerwehrmann? Überhaupt die Lawinen, die sind schon die bösesten von allen, mit denen wird man nie fertig. Der Schnee ist nie zu Ende, man beobachtet ihn als Brett, als feschen Überwurf überm Felsen, und da kommt er schon daher wie der Arlberg-Expreß. Der hat geglaubt, wir wollen ihn ganz aus der Nähe fotografieren. So interessant ist er nun auch wieder nicht. Weiß halt. Ich weiß, ich weiß. Figuranten stürzen mit der Latte ab, das kann ich Ihnen heute schon gar nicht empfehlen, daß Sie mit Ihrer Latte abstürzen! Das ist zu dumm, was ich da gesagt habe. Nehmen Sie lieber den Fisch! Der ist heute ausnahmsweise frisch. Haha. Schneeschaufler ersticken in einer Straßenkehre, Bergstürze von der Sperrenwand zertrümmern Kabelkrane und Bagger, und wen noch? Wen noch? Da war doch noch wer. Ich kann mich jetzt aber nicht erinnern, wer das war. Vielleicht hilft mir ja der Herr Landeshauptmann oder gar eine Zeitung, die über diesen Aufbau, ich meine diesen Absturz berichtet? Oder der Herr Gletscherbahnbetreiber, der nichts gemacht hat und über gar nichts etwas zu berichten hat. Ein Glück, daß sie nur die Bagger zertrümmert haben, die Felsstürze, und niemand drauf gesessen ist! Sehr gut. Die Menschen bleiben da, wir fahren fort, dürfen es aber nicht. Wir müssen uns später noch vor der Geschichte verantworten. Was? Wir müssen und die müssen nicht? Wir müssen uns verantworten und die nicht? Die Geschichte fragt uns gar nicht? Na dann, dann müssen wir uns eben nicht verantworten, wenn wir nicht gefragt werden. Zutreffend scheint mir zu sein, was der Herr Chefingenieur vom TÜV und der Herr von der Gletscherbahn gesagt haben. Sie haben gesagt, daß auch sie sich nicht zu verantworten haben werden, wenn man eine Antwort von ihnen will. Auch gut. Das spart uns viel Zeit, in der wir noch viel mehr wieder aufbauen können. Die neue Bahn wird noch viel schnittiger als die alte, sie wird der Beobachtungsfreudigkeit von Menschen gerechter werden, sie wird überhaupt viel gerechter werden als die alte, man wird von ihr aus, na, von mir aus auch, die Natur aus der Luft betrachten können und nicht wie ein Korken in einen Schrägtunnel hineingetrieben und von einem Flammenwerfer, den man eigens gebaut hat, beim andren Ende hinausgeschossen werden, juchhu, nein, so haben wir uns das nicht gedacht, daß wir die Korken für die Ewigkeit werden, wir wollten eigentlich Eindrücke für die Ewigkeit sammeln, und jetzt machen wir selber welche. Eindrücke. Es brennt. Es brennen Häuser. Die Menschen wollen, glaub ich, lieber auf Urlaub mit der Andrea an die Adria fahren, das ist tief. Tiefer ist auch die Adria nicht. Kaum daß sie den Wiederaufbau wieder aufgebaut haben, fahren sie schon wieder weg, und ein Auto wollen sie sich schließlich auch kaufen, sie haben ein Recht darauf. Sie haben ganz recht. Andre haben auch schon ein teures Auto. Das Singen der Straße gibt ihnen auch Antworten, bessere als die alten, die wir ohnedies vergessen haben, bevor wir gefragt haben. Sie wollen lieber in ihren Hobbykellern arbeiten und eine Hundehütte für ihre Frauen und Kinder bauen und anbauen. Sie wollen aber am allerliebsten verreisen. Das ist die Gesundheit der Nachkriegszeit, das Verreisen. Zuerst die Taten vereisen, dann das Gedächtnis vereisen, dann die Berge vereisen, und dann verreisen, damit wir wieder auftauen. Wir tauen immer nur woanders wieder auf, wo uns keiner kennt und nachher etwas von uns behaupten kann, das nicht stimmt. Und wehe, wir dürfen nicht dorthin fahren, wohin wir wollen! Wehe, das Hotel steht auch nur zwei Meter zu weit vom Meer! Wehe, das ins Zimmer dazugestellte Gitterbett fürs Kind ist wacklig und hat gar kein Gitter, und wehe, Sie haben gar kein Kind! Wehe, wir hören auch nur einen einzigen Ton Baulärm! Das Bauen hat seine Zeit, und diese Zeit ist derzeit nicht, wo wir grad Urlaub haben! Das haben wir uns verdient! Die Zeit, da wir es uns verdient haben, ist auch vorbei. Wir hätten es verdient, aber wir haben es nicht bekommen, und jetzt ist es zu spät. Jetzt ist die schöne Urlaubszeit angebrochen, wie bald ist sie auch wieder zu Ende. Daher wollen wir sie so richtig auskosten! Wir haben die Arbeitszeit schon vergessen, und bald werden wir leider die Urlaubszeit auch wieder vergessen haben. Wir haben dauernd was zu vergessen. Deshalb müssen wir uns nicht ausgerechnet in Antalya, und ausgerechnet wenn wir gar nicht dort sind oder wenn wir doch dort sind, daran erinnern, daß wieder aufgebaut werden muß, nachdem ein gewisser Schlendrian eingerissen worden ist. Allein die Baumaschinen lassen es uns ja keinen Augenblick vergessen, daß gebaut oder mit dem Gebauten oder in dem Gebauten zumindest aufgeräumt werden muß! Wie schaut denn das sonst aus. Dann verlangen wir unser Geld zurück. Wir verlangen auf alle Fälle unser Geld, das wir für uns ausgeben wollten, wieder zurück. Wir haben uns schließlich eingezahlt und weniger als uns zurückbekommen! Und was ist überhaupt mit den Zinsen? Bevor wir was zahlen, verlangen wir unser Geld auch schon wieder mit Zinsen zurück! Wir zahlen nichts, wenn wir nicht müssen! Und daß wir nicht müssen, dafür sorgen wir schon. Bitte, vielleicht zahlen wir zuerst, aber dann verlangen wir es auf alle Fälle wieder zurück, unser Geld. Das geht doch nicht, daß wir etwas zahlen, bevor es uns heimgezahlt worden ist! Da werden wir ungemütlich. Das lehnen wir entschieden ab. Bitte, wir zahlen, aber die andren müssen dann auch. Es muß sich doch ausgehen, wenn auch die anderen etwas heimzuzahlen, daß wir mehr für uns zurückbekommen, als wir eingezahlt haben. Aber da müssen die andern auch zahlen. Sonst geht sich das nicht aus. Wir müssen von unserem Heim immer mehr zurückkriegen, als wir ihm gegeben haben, und zwar Gemütlichkeit. Gemütlichkeit. Gemütlichkeit. Sonst werden wir wirklich ungemütlich. Darauf haben wir ein Recht, daß es in der eigenen Wohnung gemütlich ist! Wir haben kein Recht darauf, daß die eigene Wohnung plötzlich nicht mehr bewohnbar ist. Daß sie gar nicht mehr da ist. Daß das ganze Haus plötzlich weg ist. Das ist das Prinzip der Wirtschaft: daß alles mehr wird für uns und weniger für die anderen, oder wie sollen wir sonst gütig werden und freundlich lächeln lernen? Für wen das nicht zutrifft, der ist nicht tauglich. Wenn einer im Urlaub getötet wird, dann kann er am allermeisten für sich bekommen, und wenn er schwer verletzt ist, dann wird er mit der Flugambulanz abgeholt, dieser kostbare Mensch, der eigens für sich selbst eine ganz eigene Versicherung abgeschlossen hat. Ja, wenn wir gewußt hätten, was uns einmal passieren wird, hätten wir schon vorher eine Versicherung abgeschlossen! Es genügt nicht, andren, die auch eine haben, ihre Versicherung nicht auszuzahlen, weil wir sie und ihre dauernden Ansprüche an uns zuvor weggeräumt haben, in weiser Voraussicht, daß sie von uns dereinst etwas verlangen könnten. Noch bevor sie was verlangen konnten, haben wir sie weggekehrt. Wir haben uns leider vermessen, und jetzt sind sie vollkommen entwurzelt. Ja, die Krone ist auch weg. Es wäre nicht nötig gewesen, sie gleich ganz zu entwurzeln. Das mußten sie durchleiden, diese armen Menschen, die Entwurzelung. Das Abendland hat sie hin und her und einander zugetrieben. Wann hat sich das vorbereitet? Unsere Selbstlosigkeit hat das vorbereitet, weil sie ein Selbst gesucht hat, nein, nicht eine Selbstsucht, die hatten wir ja schon, wir wollten anderen einfach eine Freude machen, einen Bekannten sehen, grüßen, weitergehn und auch von Fremden gegrüßt werden. So bekommt man ein Ansehen, so kann man sich wieder sehen lassen. Man muß aber auch selber was riskieren. Man muß selber einen Einsatz riskieren und dafür andre einsetzen. Man muß einfach! Wenn wir nicht andre einsetzen, müssen wir uns womöglich selber einsetzen! Und dann nimmt keiner diesen Einsatz, er läßt ihn stehen, samt unseren Verstößen. Diese vielen Toten alle, was haben die bloß falsch gemacht? Die falsche Versicherung? Ui, das kann ärgerlich sein. Und wir können auch sehr ärgerlich werden. Die eine zahlt mehr, die andre zahlt weniger, die Angehörigen der Toten von Kaprun zahlen ja auch brav. Ja, der dort zahlt auch grade. Er heißt Hermann Maier und hat mit einem Stück Fleisch bezahlt, das man ihm aber inzwischen wieder angenäht hat. Egal. Wir behalten sie ohnedies ein, seine Prämien, egal, wie viele es waren. Er war selbst unsere Prämie. Jetzt muß sich Hermann Maier erst wieder bewähren, nein, er muß es nicht, seine Bewährungsstrafe bis jetzt genügt schon für sein ganzes Leben. Wir übrigen Europäer, wir mußten kämpfen. Aber dieser Mensch in seinem bunten Drängen kann da so ohne weiteres auf die Alm auf Urlaub fahren. Er hatte zwar nicht die Wahl, aber zu Hause sterben ist doch lang nicht so kommod als wie im Urlaub, oder? Zu Hause haben wir dann den ganzen

Dreck von den Überresten herumliegen. Woanders räumen andere es weg. Bitte, wofür hätten die denn auch kämpfen sollen, all diese reisenden Europäer oder was die sind, wahrscheinlich sind sie gar keine Europäer, zumindest nicht alle, und Reisende auch nicht, sie haben ja nichts im Gepäck, das sie anbieten könnten. Für uns sind sie auf alle Fälle keine Europäer und keine Reisenden. Es war ja schon alles vorbei, schon als sie geboren wurden. Vaterlandslos. Wer kein Vaterland hat, muß wegfahren, egal, wie er den Ort nennt, wo er gerade ist. Und Sie, zu Ihnen komme ich noch, bevor Sie zu uns kommen, Sie hätten wissen müssen: Schwere Baustörungen sind im Hochgebirge unvermeidlich. Warum sind sie dann überhaupt hergekommen? Na, um im Urlaub zu sterben, ich sags doch! Nicht daheim und doch zu Hause. Die hiesige Bevölkerung hat immer schon dafür gesorgt, daß sich diese Menschen bei uns wie zu Hause gefühlt haben. Man will doch Sport treiben im Urlaub, man kann doch nicht immer nur auf dem faulen Haupt liegen, das ist doch eh schon dermaßen angefault. Wer soll denn das noch essen? Das schaut ja grauenhaft aus. Bei uns kann man sich ausruhen. Man kommt, um zu ruhen oder um zu gehen, um der Tatsache zu entgehen, daß einen das Leben schlecht behandelt hat, und sich von unseren Gesundheitshotels wieder fit machen zu lassen. Glauben Sie, Herr Fremdenverkehr, Sie haben jetzt ein Imageproblem? Ja, ich glaube schon, daß wir jetzt ein Imageproblem haben, aber wir fürchten uns nicht. Wenn wir uns fürchten täten, wären wir nicht hier. Viele kommen deswegen her, damit sie sich fürchten können, nicht nur Sie. Wir haben nie irgendwelche Beschwerden gekriegt. Aber warum dann sterben auch noch? Weil man mit stärkstem Arbeits- und Menschenmaterialeinsatz bauen muß, deshalb! Egal. Sie sind gekommen. Wenn man Tausende Menschen einsetzen kann, Zigtausende, dann spielt das Konto Hochgebirge die geringste Rolle. Dann kann man ruhig ein paar Hunderter davon verschleudern. Hier bitte, dies hier ist schon ihr Denkmal. Schade, daß es so armselig ausgefallen ist. Die Russen haben das erzwungen, sonst hätten wir keins, und das wäre besser. Man könnte mit ruhigen Schritten die Dorfstraße mähen und uns mit ruhigen Schwüngen in den Schihang säen, es wäre kein Denkmal da. Wie, Sie sehen überhaupt kein Denkmal? Also da ist es doch! Das ist das einzige Denkmal, das die Russen kriegen werden, und aus. Wie ich gerade auf einem Zettel hingeschrieben kriege, wird nächstes Jahr ein schönes Denkmal gebaut werden, das wird dann still da stehenbleiben, egal, was kommt. Das ist meine Gewißheit, Herr Fernsehredakteur. Die Frau, die vor der Küste Australiens von einem Hai angefallen wurde, kriegt kein Denkmal. Aber diese Toten, die kriegen eins. Und sie kriegen Blicke voller Anerkennung, sobald wir sie in Stein hier behalten und ihr Fleisch rechtzeitig loswerden können. Was, der Ring von dem Mann ist weg? Also der wird geschmolzen sein, wie unsre Herzen, schon lang. Ich weiß jetzt keinen Vergleich, wenn man unter diesen Umständen ein riesiges Bauwerk im Hochgebirge errichten muß, aber es ist ungefähr so, wie wenn man einem Menschen beide Hände küßt, und sofort fallen die ihm ab. So leicht. Die Natur macht es einem halt leicht, aber sie macht es einem nicht immer leicht, Halt zu machen, fragen Sie diese Lawine. Sie macht alles zu Brei, was sich ihr nähert. Die Erde macht es einem vergleichsweise leichter, die bleibt meist ruhig stehen und wartet auf das Kommende, außer in einer Mure. Die kommt selber. Da ist der ganze Beton, und dort sind die ganzen Metallarmierungen zusammengefallen. Wenn ich jetzt hier anfinge, vom Betonmischen zu erzählen oder wie man sich ein stählernes Skelett zulegt, sitzen Sie morgen noch da, und das wollen Sie doch nicht, oder? Besser bauen, sag ich mal so, dann hält es auch besser. Wir haben im Grunde ja gar nichts gemacht oder zuwenig, jedenfalls nicht viel. Und was wir gemacht haben, war ganz leicht. Es ist ganz leicht. Wir füttern diese Fremden auf, und dann fällt der Beton aus ihnen heraus, und ihre Herzen werden weich, wenn sie uns sehn, weil ja der Beton schon weggesprengt ist. So leicht fahren wir fort und fahren die anderen auch fort aus ihren Städten, wo sie eingefangen wurden. Was, immer noch zu wenige? Dann holen wir uns halt noch mehr! Wo die herkommen, da gibts noch mehr! Die noch nicht tot sind, die können kommen! Zu uns! Die einen müssen bleiben, die andern können kommen. Der Ingenieur setzt sich auf einen Stein und bedauert etwas, weil Ingenieure ja immer klagen, daß etwas besser sein könnte, als es ist. Das ist ihr Beruf, das Klagen und das Verbessern. Diese Türme hätten wirklich besser gebaut werden können, wenn man gewollt hätte. Leichtsinn und das Beleidigtsein der anderen hat sie zu Fall gebracht. Die Ingenieure könnten aus anderen so viel mehr herausholen, wenn man sie ließe. Aber es ist kein Geld dafür vorhanden. Sie könnten zum Beispiel aus Linz eine ganze Welt herausholen, wenn man sie nur ließe. Ja. Sie beklagen sich andauernd. Dieser hier sagt mit seinen eigenen Worten aus Leichtbeton: Eigentlich ist dieser Staudammbau ein Mißerfolg, denn unter Erfolg versteht der Ingenieur, daß auch wirklich alles klappt. Wenn nicht alles klappt: Mißerfolg in den Tauern! Noch mehr Mißerfolg in den Städten. Aber jetzt nur nicht nachgeben! Jetzt erst recht! Das Zurückbleiben des Sperrenbaues gegenüber der Leistungsanlage. Ja, sprechen wir davon. Nein, lieber nicht. Für den Sperrenbau in der wildesten Hochgebirgszone haben eben die Mittel nie gereicht. Und wir haben Tausende und Tausende hineingebuttert mitsamt ihrem Fleisch und den dazugehörigen Sinnen, die wir aber nie gesehen haben, denn die Sinne haben sie dem einen Sinn untergeordnet, daß das Werk entstehen muß. Tja, das Notwendige läßt keine Möglichkeiten mehr, wobei das Mögliche im Gesichtskreis des Bisherigen, des herrschenden Seienden und dessen Sein, umgrenzt und berechnet ist. Und machen sollen es dann andre, gelt?! Aber: Keiner der Zuständigen hat aus dem Werben der Ingenieure das Wesentliche herausgehört und begriffen, die Quintessenz: Noch mehr Menschen her! Solang überhaupt noch welche da sind, müssen sie hierher! Hier werden sie gebraucht! Woanders werden sie nicht gebraucht und zu Asche verbrannt. Wie viele auch schon genug haben mögen, wir haben noch lange nicht genug von ihnen. So sind wir. Der Berg wird sie mühelos wieder los, so viele wir auch holen. Deswegen brauchen wir ja so viele. Und wir müssen uns gar keine Sorgen machen um sie. Wir brauchen noch mehr von den vielen. Diese vielen waren schon ganz gut, aber wir wollen mehr und vor allem bessere Viele. Die Fremden mit unserer Gestaltungslust zusammen, das ergibt ein explosives Gemisch! Das müssen wir erreichen! Sie sind einfach eingefangen worden, die Fremden, und jetzt sind sie eben da, in einem andern Vaterland. Sie fangen ab sofort das wilde Wasser ein, fassen es, setzen sich mit ihm in Beziehung, es überwältigt sie, und dann Ruhe. Sie ruhen jetzt auch. Gute Ruh, gute Ruh, tu die Augen zu! Still, sie liegen da, am Friedhof, müde Träumer, die sich zu nichts berufen fühlen. Viele sind berufen. Die anderen sind bloß einbehalten worden, vom Leben, und es wird ihnen nichts herausgegeben, auch wenn ihr Wert noch nicht vorschriftsmäßig in Euro angegeben ist, er wird einfach aufgerundet, der Ingenieur aber ist berufen. Und überhaupt. Vom Wasser haben wirs gelernt, vom Wasser! Glücklich ist, wer vergießt, was doch schon verschüttet ist! Die Steine selbst, so schwer sie sind, vom Wasser!

Die Peter *mitsammen*: Man fällt nicht ein und man fällt nicht aus. Diese Mauern fallen, die Menschen bleiben drinnen, nur die nicht, die aus den Fenstern springen und wenigstens als Ganzes begraben werden. Und das Wasser selbst, diese geschmeidige Kreatur: Es fällt nur. Keine Angst, es fällt, aber es fällt nicht aus. Es erzeugt Kampftätigkeit innerhalb der Staumauern, aber es fällt nicht aus. Das hast du ganz richtig gesehn, Heidi! Das geschieht wie im Flug. Im totalen Flug des Wassers, hinab, und auch diese Totalität verwischt, wie jede, bald alle Unterschiede. Außer man gehört eben nicht dazu. Außer man gehört nicht dazu. Und die nicht dazugehören, sind für uns auf einmal von vollkommener Unbekanntheit. Haben wir sie gestern noch gekannt, kennen wir sie heute schon nicht mehr, und wir werden sie auch später nicht gekannt haben. Wir hatten ja leider keine Gelegenheit, sie näher kennenzulernen, nicht wahr. Viele dieser Toten kennt man, denn ihre Verwandten haben ihre Fotos an die Wände geklebt. Aber viele dieser andren Toten kennt man nicht und wird man nie kennen und hat man nie gekannt. Das Wasser rinnt ununterbrochen, wie das Leben, nur unverletzlich, ja, und das Wasser, das wir heute sehen, hat mit dem, das wir gestern sahen, schon überhaupt nichts mehr zu tun. Es gehört zum Wasser, aber es ist ein vollkommen anderes Wasser als das, das wir gestern kannten. Bitteschön. Dieses Wasser ist mir total fremd. Kaum habe ich mich an ein Stückchen Wasser gewöhnt, ist es ein ganz andres geworden. Das Wasser ist, abgesehen davon, daß es reine Kraft ist, das Unterschiedverwischendste überhaupt. Eine Täuschung, denn etwas, das jeden Augenblick anders ist, ist ja der Unterschied schlechthin, oder? Jede Sekunde trägt eine Art Möbelwagen oder Nibelunge oder eine rheinische Saaltochter oder ein tschechischer Saisonnier oder sonstwer, der zufällig dort wohnt, das alte Wasser weg und bringt im Fließen neues herbei, und das Wasser selbst ist der Wagen. Das Wasser ist der Wagen und das Transportsystem und das Transportierte in einem. Alles o.k.? Gut. Gute Ruh, gute Ruh, tu die Augen zu! Diesen Satz gebe ich dir auch noch mit, Heidi. Wandrer, du müder, du bist jetzt zu Haus. Stell dir vor, für das Wasser gilt das absolut nicht, niemals. Das arme Wasser. Der arme Fremde. Der erinnert mich irgendwie ans Wasser. Wieso? Wo kommt denn der jetzt wieder her? Wir haben ihn doch eben erst weggeschickt! Schon kommt er wieder durch die Hintertür zurück und verlangt ein Geld von uns. Dabei sollte er es uns geben! Er sagt: Wenn wir es ihm jetzt nicht geben, müssen wir es ihm später geben. Die wollen ja immer was, die Fremden. Kaum haben sie Fließwasser, wollen sie auch das Klo innen, kaum haben sie das Klo innen, wollen sie eine Dusche dazu, dorthin wollen sie auch nicht mehr zu Fuß gehen, und wenn sie ein Kaiser wären. Nichts als die Hand aufhalten, das können sie. Na, der traut sich was. Verlangt es jetzt schon. Er weiß doch, daß nur die Arbeitsfähigen ins Lager eingewiesen werden, wo sie dann ebenfalls sterben dürfen, die sind schon zu Lebzeiten von uns kaltgemacht worden, kein Wunder, in 2000 Meter Höhe. Ist doch egal, wo sie sterben. Eine beschlossene Sache ist es. Ursprünglich stellte man sich den Tötungsprozeß als eine beschlossene industrielle Sache vor, die Entscheidungen als Verwaltungsakte, die Täter als Schreibtischtäter. Aber so was muß ja erst mal gemacht werden! Die muß ja einmal geleistet werden, diese gigantische Arbeit! Und wenn wir selbst dabei draufgehen. Oje, das hätte ich jetzt nicht sagen sollen. Das Nichtwissen darf man jetzt nicht mehr behaupten, so was sagt man nicht, es ist abgedroschen, ich persönlich habe es gedroschen, bis es blau war und der Schnitter aus dem Wirtshaus herbeieilte, also seien Sie ruhig! Na schön, wenn ich das nicht darf, dann behaupte ich vielleicht das Sichverstellen, nein?, das Sichvorstellen? Soll das zum Sichwissen werden, in dem Sinn, daß es weiß, das Ich braucht einen Gegenstand, und dann wird das Ich selber zum Gegenstand, oder was? Also, das will ich nicht unbedingt behaupten. Von einer solchen Notwendigkeit will ich nicht zu singen anfangen, sagen kann ich es auch nicht, und außerdem würde mir auch das ganz sicher jemand verbieten. Zuerst schaut sie groß aus, die Arbeit, aber wenn sie gemacht worden ist, schaut sie wieder ganz klein aus. Bitte, vielleicht war sie gar nicht so klein, die Arbeit, aber für uns unten hat sie klein ausgeschaut. Man weiß gar nicht, wie man das alles geschafft hat und vor allem wann, Herr Doktor, Herr Ingenieur, hab ich nicht recht? Notfalls wieder ausgraben und alles verbrennen und dann alles vergessen, möglichst schnell. Aber vielleicht könnten wir es schon vorher vergessen und nachher verbrennen. Der Zug hat das schon in der Talstation zu üben begonnen, das Brennen, bevor er noch gewußt hat, daß er innerlich ganz ausgebrannt sein wird. Und wir, wann fegt uns brennende Leidenschaft aus unseren dunkelsten Ecken wieder heraus? Schon vorher, bevor wir es noch gewußt haben werden? Ja, bitte, da bauen Sie uns etwas ein, damit das geht! Und wenn es erst mal fertig ist, wer denkt dann noch an all die Mühen und Plagen? Dann freut man sich über das Werk. Hab ich nicht recht? Was wissen wir von unserem Werk, und wie stehen wir dazu? Bitte vortreten und jetzt ins Mikro sprechen, das ich an Ihr Hemd, Ihre Bluse geklippt habe, ja, genau dort hinein! Und was geschieht mit dem herrenlos gewordenen Eigentum? Und der Asche und dem Leichensaft von Tausenden? Und was machen wir mit Ihrem hohlen Pathos? Wir kritisieren es mit stark keifender Stimme. Sie sehen ja, es ist aber schon sehr hohl, das müssen sogar Sie zugeben. Da müssen wir noch dran arbeiten, daß das Pathos etwas voller wird. Dann schweißen wir ihm etwas Haar dran, nur bei diesen Kindergehirnen im Glas, ja die dort, auf dem Regal, da stehen sie ja, da geht das nicht, da fehlt doch einiges, um eine Haarverstärkung durch Einweben vorzunehmen. Wir haben uns in die Geschichte eingewebt, und das Muster ist jetzt durch nichts mehr zu zerstören, aber auf diesen Gehirnen in Spiritus, da wächst kein Gras mehr. Das Aussehen dieser Gehirne müssen wir für die Feier noch total umwandeln, damit es rüberkommt, vielleicht in eine Gesangseinlage, die genau in Ihre Schuhe hineinpaßt, und zwar damit Sie besser aufrecht gehen können und damit Ihre Schuhe dann kein andrer mehr anziehen kann, weil die Einlage ja nur Ihnen ganz genau paßt, oder? Diese Einlage wird Ihnen Ihr Leben leichter machen. Das ist ein großes Problem, das logistischer Kenntnisse bedarf. Gleich beginnt die Feier, der Herr Bundespräsident sitzt auf diesem groben Stuhl mit den groben Armlehnen, und wenn er dann geht, bevor der Trachtenumzug noch ganz fertig geworden ist, wird sich der Herr Landeshauptmann auf diesen Stuhl setzen und lachen. Er wird zuschauen und so lieb lachen, bis man nur noch Zähne von ihm sieht und zwei, drei Knochen. Der liebe Spitzbub. Das muß alles auch noch umgeleitet werden, diese Eigentumsströme müssen ja umgeleitet werden in ihre eigenen Stauwerke, und zwar in Pfandhäuser und Verkaufshallen, wo sich das fremde Eigentum (ja, erst wenns einem gehört, wird es einem nicht mehr fremd sein!) hoch aufspritzend an den Klippen unsrer jubelnden Besitzerfreude bricht. Noch haben wir den Besitz nicht, aber bald. Das muß ja alles raschest weg, es muß von der Straße, damit nicht auffällt, daß die Besitzer auch weg sind! Das Eigentum selbst ist geordnet und gewaltfrei, es wartet still auf Tischen und Stühlen und Bänken auf neue Herrchen und Frauchen. Es bellt nicht, es schreit nicht, es sticht nicht in den Hafer, und deswegen sticht der Hafer auch nicht zurück, und vor allem: Es blutet nicht. Das ist alles sauber, so wies eben nur das Feuer zustande bringt. Es wartet auf die Ehrgeizigen, die einen gesunden Erwerbstrieb haben. Nein, stimmt nicht, der Erwerbstrieb an sich ist schon was Gesundes! Auch der Ehrgeiz. Überhaupt der Ehrgeiz! Der liebe Ehrgeiz! Aber auch für ihn gilt: Nur nicht übertreiben! Aber auch wenn er übertreibt, macht es nichts, dafür darf er nur umso mehr behalten. Er will immer mehr, als ihm zusteht, aber ohne ihn ginge auch wieder nichts weiter. Er darf jetzt alles behalten, das steht fest. Man ist nicht berechtigt, irgendwelche Leute wegzuputzen und die Rächer in Gestalt ihrer Kinder dann groß werden zu lassen. Es muß ein schwerer Entschluß gefaßt werden. Es müssen sehr viele von der Erdoberfläche verschwinden, und dann muß die Erdoberfläche selber verschwinden, weil wir ein riesiges Loch graben oder sprengen wollen, nein: müssen, ein innerer Zwang sagt uns, wir müssen, wir sind eine schaffende Generation, die in einer Hochgebirgsbausache das Wort ergreift, und dann müssen wir auch noch eine Mauer bauen, vielleicht mehrere Mauern, in die oben Wasser hineingeschüttet werden wird, und weg das Ganze, ab die Post, die eh keinen Brief für uns hat, mein Herz, mein Herz, mein Herz. Ohne ein Kraftwerk samt Staumauern hätten wir uns etwas derart Großes gar nicht vorstellen können, etwas Großes wie dieses Werk, das da, noch!, vor uns liegt. Was schlägst du mich denn so wunderlich, mein Herz, mein Herz.

Ach, das warst du nicht, mein Herz, das mich geschlagen hat⸮ Wer hat mich denn geschlagen, so fest, oder wars ein Tritt⸮ Wer hat mich da eben getreten⸮ Der soll sich sofort melden! Ab Mitternacht wird zurückgetreten! Ach, ich will jetzt nicht zurücktreten. Ich bleib lieber und trete andre. Aber das tut man doch nicht, einen Menschen treten! Also das ist mir jetzt so was von egal. Den Ehrgeiz, prächtige Werke zu entwerfen, Staudämme und Türme, hat mein Herz heute nicht mehr, das steht fest, vielleicht morgen wieder, wenn mich vielleicht keiner tritt. Muß ich heute halt was andres machen. Ja, aber ab morgen kommen wieder schaffensfreudigere Tage. Es giert nur nach dir, es giert nach dir und dann giert es sicher wieder nach mehr, nach mehr, nach mehr, mein Herz, mein Herz, ich kenne es doch, mein Herz. Ich kenn es wie meine Westentasche. Willst wohl einmal hinübersehn und fragen, wie es dort mag gehn, mein Herz⸮, mein Herz⸮ Die Treu ist hier, sollst liegen bei mir, bis das Meer will trinken die Bächlein aus. Das Meer, ganz auf seine eigene Art Arbeit spezialisiert, das brave, es saugt sie an, all die Bäche, o.k.⸮, und dann kotzt es sie wieder aus. Also es wäscht zum Beispiel als erstes die Standesunterschiede vollkommen heraus, das Wasser, aus den Hemden der Menschheit, die keine Zeit hatte, sich daran zu gewöhnen. Und wissen Sie, der Krieg, die Front löscht dann die restlichen Unterschiede, zumindest verwischt sie sie, bis man nichts mehr erkennen kann, nicht mehr erkennen kann, wer Offizier und wer Gemeiner, ich meine Gefreiter oder Befreiter oder wie das heißt. Und schon mündet wieder ein Meter Wasser im Meer, und aus. Das Meer spult sein Maßband ab, und dann spult es seine ewig gleiche Nummer ab, Wasser Wasser Wasser, das Maßband ist einfach unendlich, es gibt ja mehr Wasser als sonst was. Es ist vielleicht nicht einfach und es ist vielleicht nicht unendlich, aber es ist einfach unendlich! Will auch dich betten kühl auf weichem Pfühl, in dem blauen kristallenen Kämmerlein. Na, komm schon, soll ich denn endlos warten? Wer blutet da jetzt ins Kampfbild hinein und wer nicht? Egal, wer auch immer, er soll sich freiwillig melden. Wer wirbelt in Flammen? Das Flugzeug! Wenn auch nicht ganz freiwillig. Doch, es war freiwillig, das steht hier auf diesem Zettel. Nein, diesmal ist es ausnahmsweise kein Flugzeug und kein Wald, es ist eine Gletscherbahn, und leider sieht man nicht, wie sie brennt, denn sie brennt unterirdisch, das Fernsehen ärgert sich ja so! Da zeigt es den Menschen, daß so was dauernd passiert, aber so, als wäre es nur dieses eine einzige Mal passiert, und da passiert etwas wirklich ein einziges und erstes Mal, und dann können wir es nicht auf den Bildschirmen verfolgen, weil die Bildschirme vorher nicht gewußt haben, wann es passieren wird. Sonst hätten sie sich von selber erleuchtet, damit wir wenigstens irgendwo beten können. Da können wir uns um den einzelnen, der weint, doch auch viel besser kümmern, weil wir ja immer und immer wieder, in endloser Wiederholung, wie es nur das Fernsehn zuwege bringt, gesehen haben, warum er überhaupt weint. Wir sind schon daran gewöhnt, daß die Natur und die Technik stärker sind als die Menschen, diesmal hätten wir es sogar mit eigenen Augen im eigenen Fernsehgerät sehen können, und dann sehen wir es nicht, weil wir nicht zu Hause sind. Zu blöd. Wären wir jetzt zu Hause, könnten wir rechtzeitig sehen, wenn jemand weint. Wir sehen es jeden Tag, nur diesmal, wo es uns ganz besonders interessiert hätte, haben wir es nicht gesehen. Es ist aber am Abend noch sehr oft wiederholt worden, daß die Flugzeuge kamen und daß die Gletscherbahn, bereits brennend, ging, aber nie ankam. Das haben wir leider nicht gesehen, weil es im Tunnel verborgen war. Dafür haben wir sehr oft die Flugzeuge gesehen, weil sie in der Luft waren, und dann haben sich Hunderte von Geängstigten schon hinausgeworfen, das hat man auch schön beobachten können, wenn man Augen hatte zu sehen. Wir haben nicht einmal das ausgebrannte Skelett der Bahn sehen dürfen, das hat man uns nicht gezeigt, keine Vorstellung und kein Vorgestelltes, da ist die Mauer von einem Flugzeughangar davorgestanden, und wir haben gar nichts sehen können. Gemein. Wer liefert denn die Kälte, die den Schwimmer zwingt, seinen Leib, ähnlich wie der Soldat es tut, zu einem reinen Instrument zu machen, jenseits, nein, innerhalb der Grenzen des Selbsterhaltungstriebs? Na, wir, ich meine die Natur! Und dann dürfen wir uns etwas nicht anschauen, das zum Anschauen vorgesehen und dafür auch besonders geeignet gewesen wäre. Die Natur muß sich ja wehren, wenn jemand sie zerstören will. Die Häuser hätten sich auch wehren sollen, in einer Art Tapferkeit haben sie die Geschosse erwartet. Aber wenn die Natur selbst zerstört wird, wollen wir es diesmal gefälligst vorher erfahren, dann wollen wir unbedingt, zumindest vor den Fernsehgeräten daheim, dabei sein. Diesmal nicht der Ingenieur, diesmal allein die Natur. Gegen die Natur. Gegen ihre eigene Natur. Entweder sie oder ich. Entweder die Natur oder ich, also ich finde: ich. Die Natur ist die absolut letzte Möglichkeit des Bisherigen. Und den Begriff Natur wollen wir diesmal aber ganz weit fassen, damit auch die Technik noch hineingeht. Jetzt wäre ihre Haltestelle, jetzt müßte sie aussteigen, die Natur. Was, sie bleibt? Sie bleibt trotz alledem? Aus Trotz? Obwohl diese Haltestelle aufgelassen werden mußte und sechs Meter tief das Wasser dort steht und gelangweilt mit seinen eigenen Füßen spielt? Also das Notwendige ihres unergründbaren Kommens, das muß sie uns erst noch erklären, die Natur. Zumindest wollen wir auch das sehen! Ich verlange Offenheit für die einfachste Entscheidung, aber die Natur antwortet nicht, vielleicht antwortet sie Ihnen, wenn Sie vom Berg ins Tal schauen und inmitten Ihres ganzen Ingenieurbewußtseins erschauern, aber mir nicht, sie bringt ihre Zeit in sich zu und antwortet mir nicht. Sie ist in den Tunnel hineingegangen und bislang nicht herausgekommen. Was will sie eigentlich? Sie ist für uns unausweichlich, sie ist für uns bindend, und sie ist an die Bereitschaft ihres

Kommens gebunden: Das Wasser! Das Wasser! Das Wasser. Vom Wasser haben wirs gelernt, vom Wasser. Aber auch vom Fernsehn. Das kommt und geht, und wir drücken auf den Knopf. Das Fernsehen ist das Kommen und das Gehen und es hat in dieser Funktion das Wasser abgelöst, glaube ich. Das Fernsehen ist unsere Staumauer daheim, an der sich geifernd und schäumend unsre Ruhe bricht, der Mann will Sport, die Frau will Gefühl, und der Gipfel des Kommens und Gehens, wo es absolut zum Stillstand kommt, ist: jedem das Seine. Zwei Fernseher. Das Wasser ist gar nichts, obwohl ich es hier noch besinge. Das Wasser ist nichts dagegen. Das Wasser ist zumindest nicht dagegen. Das hat nicht Rast bei Tag und Nacht, ist stets auf Wanderschaft bedacht, das Wasser, das Wasser, das Wasser, das Wasser. Ja, im Heer wie im Wasser arbeiten andre Vorarbeiter, ein neuer einheitlicher Schlag, eine neuartige Auslese. Eine Spätlese, aber gelesen werden sie ja alle, ob sie wollen oder nicht. Ausgelesen und zugeklappt. Schau, Heidi, vielleicht kapierst dus so besser – das Wasser kann man also mit der Luft beim Fliegen vergleichen, beides zieht seine Bahn und hält, was hineinfällt, der Mensch strampelt drin rum, und sogar in den Luftzellen von auf den Grund des Meeres versenkten Unterseeboten findet noch Arbeit statt, jawohl, Arbeit jenseits des Lebenskreises, Arbeit, die kein Bericht meldet, nein, falsch, die jeder Bericht ausführlich meldet und jeder Bildschirm ausführlich zeigt, wenn möglich, damit unser Leben spannend bleibt. Das Flugzeug wirbelt die Luft an sich ab, und siehst du nicht, daß das schließlich eine völlig neue Art dieser Auslese hervorbringt? Ein Leben, das den Tod nicht scheut. Einerseits: das Austrinken beim Wasser, das Licht andrehn, wenn es schon gearbeitet hat, und das Licht ausdrehn, damit es ein wenig Ruhe bekommt. Andrerseits: der Flug. Der Flug. Nicht der Flug des Wassers in den Stausee, der Flug überhaupt, keine standesgemäße, sondern, schon wieder, ich kann es dir nicht ersparen – eine rassenmäßige Angelegenheit, du sagst nein? Aber das kannst du mir wirklich glauben. Ich wollte es dir ja ersparen, aber auch mir bleibt nichts erspart. Ich muß mich damit konfrontieren, man erwartet das von mir. Es gehört viel Mut, ja vielleicht sogar Mutwillen dazu, die Wahrheit zu sagen, ohne dazu gezwungen zu sein. Ich hab da meine Erfahrungen. Ich bin ein Mann der Praxis. Wenn man nicht zufällig Dreck am Stecken hat, ist das Wort Rasse ja neutral wie ein Fernsehdoktor, der auf Fälle wartet, aber die Leute bleiben stur stehen. Es wird ihnen danach die Türe gezeigt, durch die sie wieder möglichst leise hinausgehen sollen. Das Wasser: sowieso immer neutral. Das sehn wir auch den Rädern ab, den Rädern! Die gar nicht gerne stillestehn, die sich mein Tag nicht müde drehn, die Räder, die Räder. Den Rest kann man getrost vergessen. Man kann ihn getröstet vergessen. Heute kann man in Ruhe untröstlich sein, so wie ich hier, aber dann kann man es wieder vergessen, man muß sogar. Es ist besser so, wenn die Komödie ausgespielt ist und das nüchterne Arbeitsschauspiel wieder beginnen soll. Wir müssen ja weiterleben, und wenn wir nicht vergessen, erklären wir noch jemand Falschem den Krieg, weil wir nichts dazugelernt haben, ich meine, weil wir zuwenig vergessen haben, ich meine, weil wir zuviel gelernt haben, aber das Falsche, und zuviel vergessen haben, auch das Falsche. Ein paar Leute mehr oder weniger gegrillt oder meinetwegen geröstet, was macht das schon! Wir fressen sie trotzdem oder schmeißen sie weg, weil sie nicht die rechte Würze haben. Wir sind da wählerisch, wir essen nicht alles, wir wollen als Volk gesehen ja nicht zunehmen. Nein, das Fliegen kann auch nicht jeder, nicht einmal in der Business class, weil nicht jeder sich und seine Beinvenen und seine Mitpassagiere wirklich unter Kontrolle hat. Es bilden sich Blutpfropfen, die uns zustöpseln und die dann auch noch selber wandern, ja wandern. Es bilden sich Messer, die in uns stechen wollen. In uns. Ohne uns. Was haben wir denn da gefunden? Eine schwere Hemmung in der Betonierung oder eine schwere Hemmung beim Zuschlagen? Die ist doch sicher auch nicht glücklich, diese Hemmung, denn das Wasser schlägt sofort ein, wie ein Blitz. Und es schlägt ohne Grund zurück. Man stirbt auch in diesem Fall, selbst wenn man noch so jung ist. Der einzelne verschwindet im gesamten wie ein zu kleiner Stöpsel in der Flasche, obwohl das das letzte wäre, das er sich wünscht. Und der Wein ist dann auch hin. Wer will schon verschwinden? Macht nichts. Man kann die Flasche ja immerhin noch austrinken, auch wenn sie was Dumpfes an sich hat, wie die Zeit nach einem Krieg, der verlorenging, und die Aufbauzeit danach ging uns auch verloren. Bis heute suchen wir den Krieg, aber der ist und bleibt: verloren. Das vergessen wir besser ganz schnell, und das nächste Mal gewinnen wir dann! Wer sonst noch verlorenging, um den können wir uns heute nicht mehr kümmern. Obwohl: Brauchen könnten wir ihn vielleicht noch. Aber wir haben jetzt keine Zeit, ihn zu suchen, wir müssen aufbauen, ohne ihn, notfalls ohne ihn. Die Zahl der innerhalb einer Nation zu Höchstleistungen Fähigen ist natürlich sehr begrenzt, so begrenzt, daß die reine Eignung als Legitimation genügen muß. Den Rest holen wir uns von woandersher. Und am Schluß nehmen wir jeden, einfach jeden, und werfen ihn, wie heruntergekommen er auch sein mag, in die Schlacht, bis er die Straße selbst verkörpert, nein, erst muß er noch 89 Stockwerke hinunter, durchs Treppenhaus, Menschen rennen mit, denen weht ihre eigene Haut hinterher oder fällt ihnen aus dem Gesicht, das kommt von der wahnsinnigen Hitze, und dann nichts weiter als Mauer, Masse, Größe. Stau. Stau. Stau. Wir stehen hier im Norden seit Stunden. Gute Ruh und servus!

Die Autorin: Ich schalte mich ein, hoffe, einer schaltet mich wieder aus, man soll schließlich Strom sparen: Der Stau ist das Hauptproblem des modernen Menschen, der Urlaub machen will, finde ich persönlich. Ich habe noch nichts Wichtigeres gesehen als den Stau. Ja, der Staub ist auch wichtig, zu dem alles wird, aber der Stau betrifft die Lebenden. Den Toten kann man ja nicht mehr helfen. Das hat man mir im Fernsehen und im Radio ausdrücklich gesagt, obwohl angeblich noch Hoffnung ist. Ich glaube nicht. Der Stau ist das Hauptproblem des modernen Menschen, der zur Arbeit will oder von einem Gefahrenherd davonfahren will. Und da wirds dann kritisch! Also, ich berechne jetzt den Stau, und ich berechne die Staumauer, aber wo die Berechenbarkeit zum Zeichen des Seienden geworden, ist das Unversehentliche die Regel. Denn alle der Berechnung dienstbaren Planungen dringen in eine Wüste ein, die sie selbst nicht beherrschen, sondern stets nur nützen und alles vernutzen, was sich noch bewegt. Oje, ich kann das jetzt nicht berechnen, na, macht auch nichts. Einer, der denkt, kann es vielleicht. Ich habe keinen Schlüssel dafür, ich habe ja nicht einmal den Schlüssel für mich selbst. Unbeherrschbar durch sich selbst müssen sie aufeinanderstoßen, die Planungen, und so das nie Planbare hervorstoßen. Wer oder was soll das sein? Keine Ahnung. Immer wenn ich keine Ahnung habe, nenne ich den modernen Menschen, von dem ich nur weiß, daß er anders ist als ich. Hoffentlich. Ich wünsche es ihm. Ich gönne es ihm. Bestimmt wird auch ihm deshalb etwas Entsetzliches passieren, denn wenn er anders ist, ist er auch anders als die meisten, oder? Gerade ist ihm etwas passiert, das so entsetzlich ist, daß es noch nie dagewesen ist, denn wäre es dagewesen, hätten wir ihm keine Gelegenheit gegeben zurückzukommen. Wenn er anders ist als ich, der moderne Mensch, dann muß er deshalb doch nicht anders sein als die meisten, wie? Also, ich paß auf, wenn ich an die Börse gehe. Ich passe auf mich auf, das ist meine Hauptbeschäftigung, und ich gehe überhaupt nicht an die Börse. Hauptbeschäftigung: auf mich aufpassen. Ich glaube, vorhin habe ich nebenbei auch das Wesen des Verkehrs ganz richtig beschrieben, aber auch nur, weil andere es mir zuvor beschrieben haben, und ich habe es gar nicht gleich verstanden. Jetzt freue ich mich um so mehr darüber, daß mir das gelungen ist. Wieso widersprechen Sie mir dann? Ich habe recht, und Sie nicht. Nur habe ich die Verkehrsampel nicht dazu erfunden. Ich melde mich ja nur, weil das Geschriebene hier leider uferlos wird, und ich schwimme so schlecht. Wenn ich nicht weiß, wo der Boden ist, schwimme ich noch viel schlechter als sonst. Oder hab ich doch was erfunden? Was habe ich denn da jetzt erfunden? Etwa doch die Verkehrsampel fürs Wasser, für die Wasserstraßen? Also die gibt es doch sicher schon längst. Ich will aber doch auch etwas erfinden und das Wesen des laufenden Wassers damit auf meine Seite bringen. Irgendwen muß ich auf meine Seite bringen. Also, wie wärs mit uns, liebes Wort und liebe Sprache? Sind wir nicht füreinander geschaffen wie das Wasser für den Damm? Gebührt mir dafür nicht die Dammkrone? Na ja, ich weiß nicht recht, auf meinen alten Erfolgen will ich mich nicht ausruhen, ich habe schon so eine große Neugier auf die nächsten, denen ich als Autorin meine seltsame Wesenlosigkeit von vornherein gutschreiben möchte. Ich habe jetzt diesen Gutschein in meinen Händen und lese ihn verständnislos. Diese Gleichgültigkeit zementiert meine Macht, denn Gleichgültigkeit ist die größte Macht, sie ist der Zulassungsschein für alles. Für den Staudamm auch? Ja, für den lieben Staudamm und unsern kranken Nachbarn auch. Aber zuallererst brauchen wir ein Gefälle. Ich kenne es von früheren Besuchen her gut, es geht ja auch schon die längste Zeit mit mir bergab. Nein. Das Nichts brauchen wir dazu nicht, das können wir leicht selber erzeugen, aber jetzt brauchen wir einmal das Gefälle, das einen recht gefälligen Eindruck machen wird, da bin ich sicher, wenns nur erst mal da ist, haha. Also ich packe aus, und was sehe ich, das ist kein Gefälle, das ist eine Steigung, 45 Grad Steigung, unglaublich, und da fährt dieser Zug hinauf und der heulende Sturm blast und blast und reißt die Flammen von hinten nach vorn und die Leute hinein mitsamt ihren Schiern, aber wenn man runterschaut, dann ist es eben keine Steigung, dann ist es, richtig, ein Gefälle. So ist das mit dem Schreiben. Es kommt immer drauf an, von welcher Richtung man hineinschaut, bis einem die Flammen ins Gesicht schlagen und es zu spät ist für die armen Hände, sich zu schonen. Über die eigenen blöden Witze lachen, das haben wir gern. Ja, das Nichts brauchen wir meinetwegen auch, aber später, um es anzufüllen. Bitte später! Nicht alle auf einmal kommen! Das Gefälle brauchen wir zuerst. Also von jetzt an gehts bergab. Von jetzt an gehts mit nichts bergab, aber immerhin unter meiner liebenswürdigen Führung!

Peter: Also wirklich, liebe Frau, ich komme Ihnen jetzt mit Hermann Maiers Bein, bitte sehr, machen Sie bitte Platz, hier habe ich es schon, ganz frisch *(er zeigt das Bein, das er sich geholt hat)*: In diesem Augenblick wird wahrscheinlich die weiße Gaze von diesem so erfolgreichen Bein gelöst. Wir werden bald erfahren, was sich darunter verbirgt, spricht meine Stimme. Arzt! Arzt! Arzt! Nur kein Irrtum jetzt, werte Frau, wo Sie schon so weit gekommen sind, wie Hermann Maiers Bein hoffentlich auch bald wieder kommen wird, um sein Comeback zu feiern, ja, Sie, da können auch Sie ruhig noch ein bissel näherkommen. Schauen Sie: Diesem Bein hat der Beton auf der Straße sehr geschadet. Das Bein ist ein Beispiel. Aber auch das Wasser ist nicht nichts! Das Wasser ist sogar das allermeiste, das es gibt. Das Wasser. Das Wasser. *(Er wirft das Bein über den Staudamm hinunter)* So. Weg damit. Schon geschehn! Sehn Sie! Damit dieses Bein und wir gemeinsam mit ihm, wenn wir alle vor den Bildschirmen fiebern und schwitzen und Flüssigkeit wieder auffüllen, wenn auch nicht mit Wasser: damit wir vorankommen. Dafür haben wir zuerst die Luft und dann die Erde und dann das Wasser und dann die Gebäude erfunden, irgendwo müssen wir schließlich wohnen, aber das Wasser war das beste, was wir erfunden haben, das Wasser, das einfach alles macht, ohne jede Begabung, solang es nur mit ihm bergab geht, und am Schluß, als uns nichts mehr eingefallen ist, haben wir den berühmten Rennläufer Hermann Maier erfunden. Leider ist der uns inzwischen schon wieder durch die Finger geronnen. Aber zur Olympiade ist er sicher wieder fit. Das Wasser, das Wasser, solang es rinnt, gehts auch mit diesem Mann vorwärts. Ewig vorwärts, wenns nach uns geht. Aber es geht nicht nach uns, es geht mit uns den Bach runter. Die Steine selbst, so schwer sie sind, die Steine. Sie tanzen mit den muntern Reihn und wollen gar noch schneller sein, die Steine, die Steine. Ja, die Steine. Und der Krieg wurde erfunden, damit die Menschen ebenfalls nicht immer bleiben müssen, wo sie sind, sondern daß sie hinmüssen, wo schon andre sind. Die Steine, die Steine. Die Menschen. Die müssen dann dort weg, es kommen ja schon die nächsten, um ihre tödliche Belehrung zu empfangen, daß sie nichts sind, aber trotzdem viel leiden müssen. Sie sind bereits seit längerem vor diesem Schalter angestellt, um später einmal Forderungen stellen zu können, die sich dann ihrerseits anstellen müssen, und sie werden ja jetzt schon ungeduldig, die Menschen und ihre dauernden Forderungen. Wollen weiter. Damit endlich ein Ort entsteht, mit dem ihre gefallenen, geschundenen Namen verknüpft werden können. Und siehe da, es sind die Namen von anderen! Gott sei Dank. Steine drauf und aus. Aber so viele Steine haben wir gar nicht. Beim Stauwerk: Steine weg, bei den Gräbern: Steine drauf, sonst kommen die Toten wieder raus! Bei dieser Spezialanfertigung von

Gräbern: besonders viele Steine drauf, vielleicht mit Stahl gespickt, denn die Asche von diesen Leuten ist so leicht, daß sie davonfliegen würde, wenn man sich nicht beschwert und wenn man sie nicht beschwert. Wie praktisch, daß wir das alles schon vorher herausgesprengt und weggeführt oder einbetoniert haben mit unseren kräftigen apokalyptischen Kaltblütern, die nur langsam warm werden, aber dann! Diese Begeisterung! Können gar nicht genug kriegen, die Biester. Wenn die uns nur sehn, sind sie nicht mehr zu halten. Wie unser Wasser. Ja, nur ruhig Blut! Nein, nicht unser Blut, das andere, dort drüben! Ruhig! Wir können Sie ja nicht vergessen, wenn Sie nicht endlich ruhig sind! Wir haben ohnedies nicht genug Steine für alle Gräber, und daß wir nie genug gekriegt haben, ist erst der Anfang. Die Steine, die Steine. O Wandern, Wandern, meine Lust, o Wandern! O Wandern, Wandern, meine Lust, o Wandern! Herr Meister und Frau Meisterin, laßt mich in Frieden weiterziehn und wandern und wandern und wandern und wandern. Na, gehn Sie schon! Wirds bald! Ja, Wandern. Wandern. Nein, das geht jetzt leider nicht. Sehn Sie, jetzt ist es zu spät. Sie dürfen von hier nicht einfach wieder weg. Sie müssen hierbleiben, wir weisen Ihnen Ihre Baracke zu, dort können Sie Domino, Schach mit Brotfiguren und Mensch ärgere dich nicht mit Kotplättchen spielen, wobei Ihnen im Denken ruhig Fehler unterlaufen können, das macht uns gar nichts. So lang Sie tun, was wir Ihnen sagen. Denken müssen Sie ab sofort nicht mehr. Das Denken legen Sie hier unter Ihr Bett neben Ihre dreckige schäbige Mütze, pfui Teufel, sind Sie aber arm! Unsere lieben Gebirgsbewohner formieren sich sofort und versorgen Sie mit allem Nötigen, oder Sie müssen es stehlen. Ja, es wohnen gute Menschen in den Alpen, die sich zur Not etwas stehlen lassen. Das holen sie sich später dann wieder zurück von den Fremden. Sie sind gastfreundlich. Legen Sie, was Sie haben, hierhin. Da liegt es gut. Bitte glauben Sie uns, Sie müssen sich keine Sorgen machen, das Denken nehmen wir Ihnen nicht weg!, das frißt ja kein Brot. Denken dürfen Sie, und Sie finden Ihr Denken dann immer dort, wo Sie es hingelegt haben, wir haben Ihnen ja gezeigt, wo. Das Denken ist Ihr Eigentum, und seine Eignung entspringt aus der Enteignung!, nein, Moment, es entspringt aus der Ereignung, sehe ich gerade, bin beim Abschreiben in die falsche Zeile gerutscht, entschuldigen Sie, der Einzigkeit des Denkens gehört die Einfachheit des Abgründigen und nie zu Übertreffenden, beides hier in diesem Gebirg verkörpert, das werden Sie doch zugeben, und erst aus der Einzigkeit des Seins müssen Sie die Befremdlichkeit des Seienden als Eigentum erfahren! Wo das sein soll? Aber hier liegt es ja! Schauen Sie nur ordentlich hin: Hier liegt es doch! Beschweren Sie sich nicht nachträglich, wir werden Ihnen immer bestätigen, daß Sie Ihr Denken unter Ihr Bett in Ihr Fach, aber unter unser Dach haben legen dürfen. Genau. Hier legen Sie sich also hin, auf Ihre Schuhe schaue ich einmal gar nicht, die sind für gar nichts gut, selbst im Gastgarten, wo wir

Sie rausgeholt haben, hätten Sie noch bessere anziehen können! Vielleicht können Sie hier noch Ihre Mütze brauchen, aber die Schuhe: sicher nicht! Hier Ihr Spaten. Bitte sehr. Nichts zu denken, nichts zu danken. Wo Sie nun einmal hier sind: Herzlich willkommen! Wir werden Sie hier schon aufpäppeln! Seien Sie doch froh, daß man Sie hierher verschoben hat, wo Sie noch als Währung gehandelt werden, man hätte Sie auch woandershin verschieben können, wo man Ihnen gar nichts mehr für Sie gegeben hätte, das kann Ihnen natürlich immer noch passieren, jederzeit, woandershin, wo es Ihnen nicht so gut ergehen würde, bevor es Ihnen noch sehr viel schlechter ergehen wird! Ja natürlich, ja natürlich, das kaufen Sie jetzt, wo das draufsteht, ist reine Natur drin, sonst nichts, nein, nicht Ihre Natur, die wäre ja völlig ungenießbar. Wir können Sie auch jederzeit woandershin schieben, Sie sind ja längst selber Figur geworden, eine Figur aus Wasser, Rotz und Kot. Seien Sie froh! Im Krieg hätten Sie es längst nicht so gut. Man kann den Krieg auch durch das Reisen ersetzen, wie Sie sehen, Herr Fremder, da herrscht ein ähnliches Prinzip, nur ist es nicht so gefährlich, wenn das Bataillon der Reisenden wieder einmal im Anmarsch, ich meine im Aufmarsch ist. Wie viele Füße gehen da neben Ihnen? In welches Hotel? Egal. Die Erde ist ein Totengut, der tun nur Tote wirklich gut. Nur hereinspaziert, dort ist Ihr Bett, seien Sie vergnügt und haben Sie Freude in Ihrem achtbaren Antlitz! Ja, es ist wahr, Sie dürfen uns bedienen, und Sie dürfen sogar diese riesenhafte Landschaft bedienen. Ist das nicht großartig? Trotzdem. Ich habe den Eindruck, die Leute wollen einfach nie bleiben, wo sie sind. Und Sie sind von uns hingebracht worden, wohin zu kommen Sie sich nie hätten träumen lassen. Ist das nicht nett von uns? Seien Sie froh, daß Sie hierher gemußt haben! Zwar ist nicht einmal der Abgrund hier Ihr Besitz, sogar er gehört uns, doch er kann überhaupt nie Besitz sein, aber auch nie Raub. Das beste, was ihm passieren kann, ist, daß er in der Ferne gelassen bleibt, ich meine, daß man ihn in der Ferne läßt, die Aussicht in Ihrem Fernrohr verkauft oder vermietet, und nicht durch ihn gefährdet wird, hinabzustürzen. Wies Wasser, wenns fällt. Wies Feuer, wenns fällt. Wie die Menschen, wenn sie aus den Fenstern fallen oder springen. Wer weiß, wohin Sie sonst gemußt hätten, wenn nicht hierher! Sie kommen schon noch in unsere Gasse. Wir nehmen Ihnen die Entscheidung gern ab, wohin Sie fahren wollen, und dann nehmen wir Sie dem Leben auch gern ab. Sie haben ja keinen Platz mehr, wo Sies noch hinlegen könnten. Hier können Sie sich dafür selber hinlegen. Ja, genau über Mütze, Denken und Schuhe! Sonst brauchen Sie nichts. Mit dem Wasser haben wirs auch so gemacht, und es hat sich bis heute bewährt. Wir haben recht gehabt. Wir haben ihm die Entscheidung, wohin es fließen und stürzen will, abgenommen. Es ist, wo es ist. Es ist immer dort, wo es ist, nur diesmal haben wir ihm gezeigt, wo Gott wohnt! Es ist, was es ist, das Wasser. Es ist dein Herr, dein Gott. Das werden Sie spätestens merken, wenn Sie auf Ihren dünnen glatten Holz- oder Ledersohlen ausrutschen und in die Dammkrone fallen. Man muß das Wasser bei jedem Fall, ich meine in jedem Fall unterstützen, glaube ich, denn es ist im Prinzip ein guter Plan, groß zu werden, aber das Wasser läßt sich auch nicht gern was sagen. Seine Methode ist: Es geht, wohin es will, aber es sagt wenigstens pro forma der Natur, daß es dorthin gegangen ist, wohin wir es geschickt haben. Eine geschickte Ausrede, nicht wahr. Es hätte woanders sein sollen, wärs einzig nach der Natur gegangen. Hier aber ist der Mensch. Es kann nicht anders, das Wasser, wenn man es im Fallen zurückhält: Dann wird es mehr. Dann wird es sich selbst zuviel. Dann sammelt es sich halt, wo Platz ist. Eine mitleidsvolle Geste, mit der wir es eröffnen und mit einem Mauermantel ordentlich ausstaffieren. Wir benützen Fähigkeiten, die keine sind, denn das Wasser kann nichts andres als fließen und stürzen, ein Raubtier, bergab. Das Wasser, das Wasser. Man kann es unter Schweigen bereisen, man kann es unter Gebrüll bewohnen, wenn auch nur kurz, man kann es sonstwie gebrauchen. Schau, ein Beispiel: Manche wünschen, das Hangkanalsystem als Wegenetz auszugestalten, andre wieder wollen es auspressen, für den Strom, du weißt schon, das Elektrische halt. Es kommt überallhin. Der Wanderer benötigt von der Heidnischen Kirche bis zum Karlinger Kees zirka eineinhalb Stunden, aber was hat er damit gewonnen? Er hat nicht einmal genügend Licht gewonnen, um am Abend, auf der Hütte, auch nur eine Zeile seines Krimis zu lesen. Das Wandern, das Wandern. Es ist noch nicht lang her, da hatte zum Beispiel niemand Verständnis für den Wunschtraum einer prächtigen Gewölbemauer in der abzuschließenden engen und unzugänglichen Möllschlucht. Damals lag das deutsche Heer vor Moskau und fraß Gras, es lief ohne Strom, rein auf Reserve und frisch gekeltert aus der bürgerlichen Jugend, nein, weniger der bürgerlichen, eher der ländlichen und proletarischen Jugend, von der wir halt größere Vorräte haben, eine Jugend, die zu ihren letzten großen Schlachten aufbrach, bis ihr die letzte Zigarette aus der Hand fiel. Das Wandern ist des Müllers Lust, das Wandern, das Wandern! Das muß ein schlechter Müller sein, dem niemals fiel das Wandern ein, das Wandern, das Wandern, das Wandern, das Wandern. Das Wandern ist für viele endgültig vorbei, weil ihre Körper einfach nicht mehr mitgehen wollen. Das Wandern. Das Wasser wird gestaut, es ist die Meuterei der Hände gegen ihr Schicksal, daß ihnen alles durch die Finger rinnt. Doch keine Staumauer ohne vorangegangene Kampfarbeit. Man muß von oben ein Kampfbild machen, bevor man eine Strategie fürs Wasser entwickeln kann, das seine Fähigkeiten nützt. Heidi, beobachte, nein, du kannst es ja nicht mehr beobachten, aber stell es dir vor, in welcher scharfen Ausprägung diese herrliche Jugend von uns verpackt und ausgeliefert wurde! In jeder vorhandenen Größe! Sogar Zwischengrößen! Die Größe liefern wir auf Wunsch gern aber auch separat. Die Größe kostet nicht viel, es hängt aber davon ab, was groß werden soll. Das Wandern, das Wandern! Sie wurden in den Kopffarben gelb, braun, schwarz und Senfgas geliefert, die armen Würstchen, auf Wunsch auch mit dem derzeit wieder aktuellen Tarnmuster, und ins Kraftwerk des Krieges geworfen, der ganze Länder unter Strom gesetzt hatte. Wir brauchen dazu? Richtig. Die Wasserkraft. Immer die Wasserkraft. Immer mehr die Wasserkraft! Und warum? Weil sie halt schon da ist und wir sonst das böse Atom nehmen müßten, das dann unsere eigenen Kinder bedrohen würde. Das kann nicht der Zweck sein. Beide, Wasser und Atom, beziehen sie ihre Kraft aus der Natur, aus ihrer Reinheit, aber das Wasser ist doch noch eine Spur natürlicher, finden Sie nicht? Aber oho, die hat es in sich, die Natur! Die hat es faustdick hinter den Ohren. Die haben es faustisch hinter den Ohren. Die Steine, die Steine! Die Steine, die Steine!

Heidi: O meine Geißen, da rennen sie in eine halb verschwommene Ferne, wo die Öltanker und Häuser untergehn. Sollte die Vernunft ihnen geboten haben, ein für allemal zu verschwinden, weil es auch hier diese gefährlichen Steinschläge gibt, besonders seit das Werk entsteht? Alles, was stehen will, kann fallen. Alles Große steht im Sturm. Aber sie sind doch so vernunftlos, die Tiere! Sollte mein Ruf nach ihnen auf keine wolligen Gestalten mehr treffen? Wen trifft er dann, mein Ruf? Sollte ich sie zumindest teilweise schon eingebüßt haben, meine Lieben, die mir Naturkind so lang alles und jedes waren? Kein Fenster mehr offen? Kein Tier mehr im Strauch? Nichts mehr im Busch, das ich mit Vergnügtsein überraschen könnte? Bin ich nichts mehr? Mein kleines Leben soll groß werden, bitte ich mir aus, meine kleine Gestalt soll Bedeutung gewinnen, muß ich aber schon sehr bitten. Um das bittet doch jeder. Meist ist es nicht die Religion, sondern der Ehrgeiz, der die Leute antreibt, sich auf Häuser zu stürzen und vorher nicht aus dem Flugzeug auszusteigen. Letztlich ist es immer der Ehrgeiz, sogar in Japan, wo der Ehrgeiz gezüchtet wurde, bis man ihn auch natürlich herstellen konnte. Es geschehen manchmal schreckliche Dinge mit sehr großen Gegenständen. Aber nein, das Einfache zeigt sich dem Suchenden dennoch nicht. Ich finde. Ich erfinde nicht, ich finde. Ich glaube, und glaubst du es nicht auch, Peter, wir sollten lieber gesund bleiben und mehr Wasser trinken, als es hinter diesen finstren düstern Barackenmauern zum Arbeiten zu zwingen, das schöne, liebe Wasser? Ach so, das Wasser haust nicht in den Baracken? Die Bezähmer und Bezwinger des Wassers wohnen dort? Die wollen das Wasser zu was zwingen! Blöd, daß es so bedeutende Menschen gibt, und ich tue gar nichts, als mich hüten, und meine Geißen dazu, auch aus Ehrgeiz. Mich vor etwas zu hüten, das ist mir zuwenig. Wie klar ist es doch, mein liebes Wasser, kann Kleines und Großes in sich fassen, kann reisen und wandern, kann zum Trinken erwählt sein und vor dem Menschenmund zittern, ja, ich hört ein Bächlein rauschen, jawohl aus dem Felsenquell, dort hab ich es zuletzt gehört. Vorhin war es noch da. Ich bestätige sofort ausdrücklich die landschaftliche Unbedenklichkeit dieses Wasser-Erfassungsstausees unterhalb des Glockners, ja natürlich!, ja, natürlich! Das ist natürlich Bio-Wasser! Hinab zum Tale rauschen so frisch und wunderhell! Aber auf dem Weg fangen wir es ein. Es gehört uns. Ich weiß nicht, wie mir wurde, nicht, wer den Rat mir gab, ich mußte auch hinunter mit meinem Wanderstab, ich mußte auch hinunter mit meinem Wanderstab. So. Endlich. Ich setze total auf Beziehungen und auf Gesundheit, Peter, und man hat mir versprochen: Dieses Wasser stammt aus kontrolliertem Anbau! Hinunter und immer weiter und immer dem Bache nach, und immer frischer rauschte und immer heller der Bach, und immer frischer rauschte und immer heller der Bach. Der ist vorher nicht zerhackt und wieder zusammengestückelt worden! Das Wasser hier ist total echt und in Originalgröße! In Lebensgröße! Das Wasser, das Wasser. Jetzt brauchen wir nur noch eine Verpackung dafür, die paßt und wiederverwertet werden kann und an die sich der Werbekunde immer erinnert, wenn er sonst nichts zu tun hat. Dein Wasser kommt zwar von ganz unten aus dem Berg, Peter, aber ich sage dir, so zerzaust es ist, das Wasser, es ist umfassend und überall wie der Menschheitsschmerz. Allerdings nur hier, in unserem schönen Österreich. Nirgendwo sonst will es bleiben als hier. Doch nein, ich höre gerade, es will gehn. Was, es will fort? Ach ja. Das Wasser will immer nur gehn. Und läßt man es, dann fällt es andauernd hin. Man kann ihm nicht überlassen, wohin es will. Man muß es ihm sagen. Sonst fällt es und fällt es. Und Sie, und Sie fallen und Sie fallen auch! Und dieses Haus da fällt und dieses auch. Und diese Hand da fällt auch und greift ins Tiefkühlregal. Und Sie: Gehen Sie, ohne sich zu sorgen, zum Bio-Regal weiter, dort finden Sie es endlich, Ihr Wasser, Sie Flasche! Ich bin schon ganz woanders. Denn dann möchte ich eigentlich noch die Möll überleiten. Und dann möchte ich dabei noch die Natur nicht zerstört haben, oje, da ist sie schon zerstört. Und dann möchte ich diese beiden Türme nicht zerstört haben, oje, da sind sie schon zerstört. Und dann möchte ich noch in dieser schönen Natur ein wenig herumstreifen, weil sie ja eigens für mich nicht zerstört worden ist, oje, da ist sie schon zerstört. Und dann möchte ich unbedingt die Krimmler Wasserfälle schützen und dafür andre eintunken, wenn sie nicht aufpassen, fein, da sind sie schon geschützt, und daher nehme ich lieber dieses unnütze Wasser hier, das überspült mir meine Füße, die schon ganz kalt sind, die Socken eisig wie ein Hauch. Dieses Wasser hätte ohnedies nur, wenn wir nicht gekommen wären, die Welt mit Horrormeldungen von Muren, Lawinen, Moränen, Hauseinstürzen und Überschwemmungen vom Bildschirm her zu durchdringen begonnen. Tausende Tote. Tausende Tote. Ist das denn seine Straße? Nein, das **IST** auch schon die Straße. Es ist seine eigene Straße und seine eigene Reise. Schau, Peter, das ist so beim Wasser, es ist es selbst und es ist gleichzeitig sein eigenes Transportmittel. Ein Gehen ohne Transportmittel können wir uns, außer beim Sport, gar nicht vorstellen. Ist das denn meine Straße? O Bächlein, sprich, wohin? Wohin? Sprich, wohin? Das Wasser ist mehr als ein schönes Gesicht, es ist schöner als die Bildlichkeit eines abstürzenden Computers, wenn das Bild sich vor Entsetzen auflöst, es ist so schön, als wäre es es selbst, ich meine sein eigenes Eigen, und brauchte kein Abbild, um es abstrakt zu sagen. Alles, was kein Abbild von sich braucht und kein Auto, um zu sich selbst zu kommen und dann noch woandershin, das alles ist einfach unschlagbar, es ist nur für sich selbst vorhanden und gleichzeitig für alle, doch das spürt es schon nicht mehr. Nehmet hin und trinket. Es ist mein Blut. Nein. Es ist die Natur selbst, und es schmeckt auch danach. Es schmeckt nach Nichts, weil die Natur nichts mehr ist, aber wenn Sie dieses Mineralwasser nehmen, das schmeckt nach Mehr, weil unterwegs ein wenig Fruchtsirup hineingekommen ist. Das kann man gut verkaufen, ich schwöre es Ihnen. Noch zucke ich wegen seines, des Wassers bloßen Vorhandenseins die Achseln und hole mir eine Kiste heuriger Römerquelle, aber das wird mir noch vergehen. Ich werde mich niemals am Bestehenden vergreifen, das schwöre ich, nicht an den klaren Quellen, die alle uns gehören, denn die Macht bedarf immer eines Trägers. Und wir sind eine dieser klassischen Hosenträgernationen. Ich glaube inzwischen, die einzige, die anderen wollen sich nicht mehr in diesem Aufzug sehen lassen und haben ihre Aufzüge gesperrt. Man geht wieder zu Fuß. Die Leute strömen wieder her zu uns wie das Wasser, wenn es böse wird und man ihm etwas von seiner Bedeutung abgraben will. Wir tragen, was man uns aufbürdet, so lang, bis wir es endlich anderen aufbürden können. Bin ich schon drin? Bin ich schon dran? Schade, daß ich in Heiligenblut den Herrn Dr. Todt nicht mehr empfangen kann, das wäre mir doch so angenehm gewesen. Oder nicht? Na, dann empfange ich halt den Dr. Speer. Was, den auch nicht? Der kommt gar nicht? Den werde ich nie persönlich zu sehen bekommen? Zu dumm! Das wird mir einmal leid tun. Aber nein, froh werde ich sein, daß ich ihn nicht gekannt habe. Nun. So haben ihn eben andre empfangen, den Herrn Speer, in handlicher Form, kniend, zusammengekauert, wie seine Kollegen blind und taub für alle Bitten.

Peter: Setz dich doch endlich hin, nein, nicht hierhin, hier ist es doch feucht, du hast dich doch schon lang und breit beklagt darüber, daß es feucht ist. Ich sehe, du bist im Begriff, den Irrtum zu begehen, den andre auch schon begangen haben: daß landschaftliche Schönheit und besserer Verkehr und die Kultivierung der Glocknerstraße und die sinnlosen Leerfahrten mit erheblichem Treibstoffaufwand, wo das Heer doch vor Moskau hungern muß, während wir dafür am Bau ausgehungert werden, daß all dies also wichtiger sei, auch der Tourismus wichtiger sei, die Hotellerie wichtiger sei, die Wanderwegerln wichtiger seien als das Tauernproblem und die Energieversorgung der Massen. Wollen wir, bevor wir die Baustelle besichtigen, einen kleinen Abstecher zum Lukashansl in Ferleiten machen, um auf andre Gedanken zu kommen? Bevor die endgültige Verstimmung des Ennsausbaus folgen wird, leider nicht uns. Wenns auf uns ankäme, würden wir die Enns nicht ausbauen. Diese Verschandelung wird nicht mehr zu beheben sein. Schauen wir uns die Enns, die noch wie behutsam gemalt aussieht im Morgenlicht, schauen wir uns die Enns vorher noch einmal an! Meiner Überzeugung nach gab es schon vor Jahrtausenden den tätigen Menschen, dem auch wir uns immer wieder anschließen müssen, um uns zur Menschheit in eine vermessene, ich meine in eine genau vermessene Beziehung zu setzen, die der Masse, die ihre Arbeit hergibt, weil sie ja sonst nichts hat. Aber auch das hat sie jetzt nicht mehr. Arbeit ist nichts mehr wert, das haben wir doch damals schon gewußt. Das Wasser gibt sich ja auch selbst, weil es sonst nichts hat. Und was es trägt, muß auch einmal untergehn. Lustig öffnen sich die Massen, ich sehe bereits jetzt, sie ähneln in dieser Form, eigentlich Formlosigkeit, auch wieder dem Wasser, findest du nicht. Sogar ein Haus ähnelt, wenns fällt, in seiner Formlosigkeit diesem Element. Jaja, schon gut, ich sage es ja: Die Massen ähneln ebenfalls den Wassern. Sie wandern selbst am Grunde der Flüsse, am Rand des Abgrunds, wenn sie keine Wasserleitung haben, in der es für sie wandert und verschwindet. Es ist alles an den Massen sehr groß, deswegen heißen sie ja so, doch sie wissen nicht, wie groß insgesamt. Her mit der Mauer, weg mit der Gewerkschaft, damit das graue Heer der Masse liebreich von ihr, natürlich der Mauer, nicht der Gewerkschaft, aufgenommen werden kann und damit ihren letzten und tödlichen Unterricht empfangen kann: Krieg, Krieg, Krieg. Wie eng ist dein Name mit der Masse verknüpft! Da kann man das Wasser aber sofort einpacken gehn und es mitnehmen, für später. Ja, packen wir es lieber gleich ein, bevor ein Fanatiker es noch mit Botulinus oder mit Anthrax vergiften kann! Es kann seinen eigenen Leib einpacken, das Wasser, und dann ausliefern gehn, helfen wir ihm dabei, dann geht es schneller. Es hat mit seinem Rauschen mir ganz berauscht den Sinn. Was sag ich denn vom Rauschen, das kann kein Rauschen sein: Es singen wohl die Nixen tief unten ihren Reihn, es singen wohl die Nixen tief unten ihren Reihn.

Heidi: Laß singen, Gesell, laß rauschen, und wandre fröhlich nach, fröhlich nach, fröhlich nach!

2.

Hänsel und Tretel, zwei Arbeiter aus dem ARBEITERHEER, das pausenlos durchzieht und das, ich will nicht sagen: geringgeschätzt wird, aber das doch, im Vergleich zu uns, schreckliche Gesichter hat, die alles bedeuten können, vor allem aber Bedrohung des Gewerkschaftsbundes, der schon sein Fluchtgepäck packt, denn gleich kommen sie, die Arbeiter mitsamt ihrem Arbeiterschaft. Dankbarkeit und Bescheidenheit zeichnen die Gewerkschaft auch nicht grade aus, also die zwei und dann noch folgende Personen:

Das Ballett der Bäume übernimmt die Bühne: Männer, in künstlichen Bäumen steckend wie Sandwichmänner, kommen als lebendes Heer herein und begleiten später pantomimisch Hänsel und Tretel. Das Heer der Schneeflocken erscheint ebenfalls und macht mit Händen und Füßen eine Art Kinderballett dazu.

Baum: Oje. Das wird später eine Überfülle an Arbeit geben, die sogar uns selbst noch verzehren wird. Wir arbeiten gegen uns. Wir werden beiseite gefegt. Das sehen wir jetzt schon, weil wir so hoch sind. Nein, nicht so hoch wie Türme, aber sehr hoch. Wir sehen es von heroben. Wir haben einen in der Krone. Wir kämpfen mit der schwierigen Außenwelt. Unsre Schritte poltern von den Bergen herab, unsre Körper folgen ihnen brav. Das Wasser ist etwas, das eleganter ist als wir, das ist kein Kunststück, obwohl der Geist den Elementen überlegen ist. Wir Totengeister sind einfach schrecklich. Als wir noch standen, waren wir schöner. Jetzt sind wir schrecklich, bald gefällt, sollen wir jetzt sagen: Das gefällt uns nicht? Nein, diesen Scherz lassen wir heute einmal aus. Nein, doch nicht. Zu unsrer Trauer muß ich befehlen: Schluß mit den Gemeinplätzen, die sperren wir jetzt einmal für die Allgemeinheit. Schluß mit dem Hin- und Hergewoge unserer Wipfel, Schluß mit unseren Wortgefechten, alles auf Ende, alles auf Erde. Es ist etwas Grauenhaftes passiert, und aus Pietät ist jetzt einmal Schluß mit Lustig. Mit einem Spatenstich beginnt es, und diese Leute haben gewußt, was sie gewollt haben, sie haben gewollt, was sie noch nicht recht gewußt haben, aber gewollt haben sie es. Spatenstich am 16. Mai 1938 durch Hermann Göring, und damit war schon alles bestimmt, auch die Not dieses Neubeginns: zuwenig Menschen. Zu viele Bäume. Als wären wir erwacht aus unserem schönen Baumtraum, mußte unser Muskelspiel mit den Blättern enden. Erinnertes stieg auf und wurde Jahrzehnte danach immer noch sauber umgeschnitten.

Eine Schnee-Flocke *(aus dem Off, aber nicht unbedingt, von mir aus kann sie eh kommen, helle Sopranstimme)*: Unser Heerzug zieht daher, doch das trügt. Er zieht nicht, er trägt. Scheinbar weiß, besteht er aus grauen Kriegsgefangenen, Fremdarbeitern, Fremdvölkischen, Ostarbeitern und Zivilpolen, die ins Fraglose eingerückt sind und auch bald tot sein werden, wie wir. Es wird nichts übrigbleiben. Von vielen Toten bleibt nichts übrig, weil irgend jemand sehr schwere Gegenstände auf sie draufgeschmissen haben wird, nein, nicht nur Erde. Was Schwereres als Erde. Alle diese Leute fragen nicht und werden nicht gefragt wohin, o Bächlein, sprich, wohin, und das meine ich ernst. Die liebe Sonne tanzt auf ihren geschmackvollen Kostümen, und wir fallen pardauz auf sie drauf, aber wir tun ihnen nicht weh, keine Angst, auch wenn wir ein bißchen auf ihnen liegenbleiben, tun wir ihnen nichts. Ein paar Millionen Tonnen Schutt würden ihnen mehr antun. Wir versuchen, ein Beispiel zu geben. Soviel Schönheit in uns verkörpert, wir fassen es nicht. Die Schönheit ist für vieles ein Grund, und wir sind jetzt begründet, wenn auch nur kurz. Wir schmelzen vor unsrer eigenen Schönheit. Andre verbrennen. Denn aus Gründen der Schönheit haben sie es sich in den Kopf gesetzt, den Führer-Kabinen von Kitzsteingams und Gletscherdrachen kurvigere, optisch ansprechendere Formen zu verpassen. Bitte, das ist ja nur ein Beispiel. Das Beispiel steht jedem Führer zu. Wir waschen sie, die Schönheit, soviel Schönheit waschen wir im Wasser unserer Augen, aber wir machen sie nicht naß. Wir können sie nie naßmachen, auch wenn wir dahinschmelzen vor ihr. Da kommen schon die ersten Menschen, schaut, ihr Lieben! Dieses Material läßt sich leicht formen, das sehen wir. Doch es hat einen entscheidenden Nachteil, bei ausreichend zugeführter Energie brennt es in jedem Fall und entwickelt dabei nicht ungefährliche Brandnebenprodukte. Ja, von mir aus auch Asbest. Asbest ist das Beste. Nein, wir meinen nicht Sie, Ihre Schianzüge schmelzen auch, ich weiß, ich weiß, aber erst schmilzt die Plexiglaskanzel, von der aus der Führer die Verheißung spricht, daß wir den Gipfel erreichen werden. Das Höchste, was möglich ist. Und dann erst, dann erst schmelzen auch Sie dahin. Wie wir Flocken. Wir kennen das. Und die glücklichsten von uns kommen ins Müsli fürs Frühstück hinein, den Menschen ein Wohlgefallen. Diese kommen anfangs sogar freiwillig zu uns ins Gebirg, doch irgendwann ist ihr Kommen kein Kommen und kein Entgegenkommen mehr. Frauen klammern sich bis zuletzt an jeden, der geht, um irgendwoanders ein Kommender zu sein, und sie versuchen, ihn festzuhalten. Mütter. Ich wünsche mir in keiner Weise, von einer Mutter festgehalten zu werden, wenn ich jemand liebgewinne und hinaus ins Leben will. Ja, alle kommen sie trotzdem zu uns, und sie sind keine Lückenbüßer, obwohl sie natürlich für irgendwas büßen müssen, keine Ahnung für was, und die Lücken füllen, keine Ahnung welche, vielleicht solche, die durch die Einberufung der Einheimischen gerissen wurden? Die hätten doch gleich hierbleiben können, die Einheimischen, hab ich nicht recht? So. Sind wir endlich komplett? Ja, im großen und ganzen sind wir jetzt komplett. Eine schöne Schneedecke. Das Muster ist auch hübsch. Entschuldigen Sie, wenn ich einen vergessen habe, es werden ihn noch so viele andere vergessen, daß er sich nicht drum kümmern muß. Und auf gehts, Gott hat nicht Worte genug, den wirtschaftlichen Profit und den gesellschaftlichen Nutzen Ihrer Arbeit hervorzustreichen und dann wieder auszuradieren, er kann das, und wir können es auch, die Liebe wegradieren, denn sie hält uns auf. Wir haben direkt eine Sucht nach dem Nutzen von Menschen. Der Kraftwerksbau, ich fahre fort, ach nein, ich muß ja bleiben und bauen. Andre fahren in den Tunnel ein. Sie kommen und bauen auch, und ihr Kommen kommt nicht aus der Zukunft, es begründet sie aber, denn eine Zukunft brauchen wir. Da sind Menschen, die zwischen ihren oft versuchten Anfängen hängenbleiben und sich kaputtschuften. Wem nutzen sie? Soll ich das mit der Geschichte und der Wahrheit und der Lichtung jetzt noch einmal sagen? Ist es schon so weit, mein Auftritt bitte? Das Sichverbergende windet sich und will noch nicht auftreten, so habe ich es zumindest verstanden. Ich will aber auch nicht. Es weiß noch nicht, welche Gestalt es annehmen soll, das Sichverbergende. Soll es die Gestalt einer Schneedecke annehmen, die wir gebaut haben, soll es die Gestalt einer aufgelassenen Lagerhalle der Firma VABIO annehmen, die der VÖST-Alpine gehört? Soll es die Gestalt eines Skeletts von einer ausgebrannten Bahn annehmen? Soll es die eigene Bahn verbrennen, die irgend jemand heimführen könnte, weil er den letzten Zug versäumt hat? Warum ist er dann überhaupt hergekommen? Soll es vielleicht die Form von einem Giftgas annehmen, das aus dem Verbrennen des glasfaserverstärkten Kunststoffs entstanden ist? Nein, das hätte keinen Sinn, denn Gas sieht man ja nicht, warum sollte es also erst noch eine Form annehmen, wenn man es dann eh nicht sehen würde? Soll das Sichverbergende, Sie haben noch zwei Tage Zeit, uns Ihre Vorschläge einzuschicken, soll es also die Gestalt eines Denkmals annehmen, mit dem wir die verschiedenen interkulturellen und interreligiösen Aspekte dieser Toten beim Genick packen und an die Öffentlichkeit tragen und dort formlos ablegen, damit unsere Gesellschaft sie später zustellen kann, mit unserem Gratis-Zustelldienst? Fußballstadien voller Trauernder? Nein. So viele Trauernde haben wir nicht, und unsre Fußballstadien brauchen wir für etwas Gescheiteres. Ja, auch unsere Bewohner haben schmerzhaft gelernt, mit dem Unglück zu leben, aber das Leben geht derweil gleichmütig mit seinem Rucksack weiter, das ist der aufrechte Gang in den Bergen, doch auch die Fremden halten diesem Ort die Treue, obwohl er ab sofort ein Imageproblem hat. Jetzt sind wir durch diese Ereignisse natürlich unwahrscheinlich bekannt geworden, wenn auch nicht so bekannt wie New York City, trotzdem ist es unwahrscheinlich, daß man uns kennt, über das Grab hinaus. Die Toten kennen nichts und niemand mehr. Aber wissen Sie, was wir machen, wir bessern unser Image wieder auf, etwa mit der Mountainbike-WM, ja, das geht. Das geht gut. Recht bald wird sie stattfinden. Wir werden dann weg sein, leider, denn der Schnee und die Mountainbike-WM, das geht nicht zusammen. Daher werden wir nicht zuschauen können. Das tut uns leid, wir Flocken hätten gern zugeschaut, wir sind ja keine Weicheier, und wir sind auch keine Cornflakes, die unrühmlich untergehn. Ich mache Sie hier mit dem Widerspruch bekannt, daß Tote nur dann ihr Image aufbessern können, wenn sie sich schlecht benehmen, sonst kommen sie nie in die Geschichte hinein. Die Guten: wenig Chancen, sage ich Ihnen ganz ehrlich. Geschichte besteht ja darin, daß man Leute, die sich ohnedies nie verstecken wollten, aus dem Verborgenen herausholt. Nur sind diesmal wir es, die sie wieder holen. Da kann kein Schaum vor einem Mund uns bremsen. Man hat uns unsre Geschichte von weitem zugeworfen, sie war uns zu heiß, und so haben wir sie gleich wieder weggeworfen. Werfen muß man immer, damit nicht geschnappt und jemand verletzt wird. Manche vertragen soviel Geschichte gar nicht. So, wir enthüllen jetzt lieber zuerst das Denkmal, und dann denken wir nach, welches Denken da gemalt werden soll. Aus den Fußballstadien dröhnt noch der religiöse Gesang, ein Geschrei, das ich bis auf meinen Berg hinauf höre. Die Wahrheit muß man nicht so laut herausschreien. Nehmen Sie sich ein Beispiel. Unsre Wahrheit zum Beispiel hat keinen Grund, so zu brüllen, außer wir geben ihr einen. Wir müssen ihr heute einen geben, denn man verlangt das von uns. Wenn wir nicht auch Wahrheit Wahrheit Wahrheit brüllen, bleiben die Fremden aus. Und wenn die ausbleiben, dann können wir nicht stehen, dort, wo wir geblieben sind und wo noch viel mehr geblieben sind, unter uns, ich meine unter unsren Füßen. Wenn wir verbrennen, sind wir ohnedies schon längst tot, und zwar wegen der Giftgase. Die Fanatiker müssen dieses Gift noch mühsam einrühren, wir erzeugen es selbst. Wir dulden dieses Sichverbergen durchs Feuer nicht, wir dulden überhaupt nicht, daß sich jemand versteckt, wir zerren ihn sofort auf die Straße und dann in die nächste Alpenbar oder vors Mikro, damit er betroffen ist, weil er noch lebt, oder ins Wirtshaus, damit er besoffen ist, als ob er nicht mehr lebendig wäre. Letzteres nur, wenn er gemütlicher sterben will. Hier wird nichts und niemand verborgen. Hinter uns stehn alle, die Sie sehen wollen, aber nicht jeder kann ins Fernsehn, das sehen Sie doch ein. Hilfe, wir brauchen einen Verkehrspolizisten, wenn das so weitergeht! Es verbirgt sich ja schon einer hinter dem andern. Nein, es drängt sich einer hinter dem andern hervor, damit man ihn sieht! Und dann brauchen wir einen prominenten Politiker, der diese Lichtung, ich meine dieses lichte Terrassencafé, eröffnet, bevor wir alle in ihr wieder eingehn und uns wieder den Toten zugesellen, zu denen wir immer gehören. Immer immer immer.

Baum: So. Mir ist das jetzt langweilig. Ich falle lieber einmal krachend um, als dauernd da stehenzubleiben. Die Musik wogenden Lebens um mich herum ist längst verstummt. Meine Aussicht ist auch nicht so gut, denn die haben das oberste Abteil, in dem sich zum Zeitpunkt des Unglücks zwanzig Menschen befinden, bis auf ein winziges Fensterchen vergittert, damit sie Güter darin transportieren, Baumaterial, Speisen und Getränke auf den Berg führen können. Ohne dieses Gitter könnte das Plexiglas zerkratzt werden. Das Gitter hat ja auch den Nachteil, daß meine Wenigkeit Baum von außen nicht hineinschauen kann mit meiner sperrigen Krone. Und dabei schaue ich mir so gern die Menschen an, und naturgemäß würde man sich die am liebsten anschauen, die man gar nicht richtig sehen kann. Ich sehe sie nur kariert, hinter Gittern. Verstumme ich halt auch. Ich kann es nicht sagen. War es also gemeint, mein rauschender Freund, daß ich selber nichts mehr sagen soll? War es also gemeint, mein rauschender Freund, daß dieses schon bei hundert Grad entflammbare Bio-Hydrauliköl verwendet wird, nur um ausgerechnet dich zu schonen? Wie? Du bist nicht schuld? Du hättest jedes andre Öl auch getrunken, wohlauf noch getrunken, und dich von jedem andren Öl auch verschaukeln lassen? Und warum hat keiner auf dich gehört? Bitte, Kunst, nein, nicht Sie, nicht schon wieder! Verschwinden Sie, sofort! Ich rede mit dem Bach, ich rede mit der Natur, die hat ausdrücklich gesagt, daß sie mich sprechen will, nein, bleiben Sie, sagen Sie es an meiner Stelle, vielleicht sagen Sies ja wenigstens dieses eine Mal besser als ich! Also Bach sagt es auf jeden Fall besser. Aua. Wir können, wenn wir einen Sponsor finden, gern für Sie unsere Infos auf einem leuchtenden Kasterl vor Ihrem Sitz verschriftstellern, damit Sie es ablesen können, wieviel Schuld Ihre Vorgestrigen, Ihre Gestrigen und die da noch kommen werden, oje, was die noch alles machen werden, davon haben wir gar keinen Begriff, was also die alle auf sich geladen haben und wieviel genau sie heute wiegt, Ihre Schuld. Sie haben natürlich keine, ist ja klar. Die kommt ja erst noch. Wenn wir Schuld brauchen, dann können wir jederzeit zu Ihnen kommen, Sie haben genug davon. Verstanden. Und dann rechnen wir die ganzen Schulden, Ihre sind da noch nicht dabei, erst beim nächsten Schwung, in Euro um. Bitte lesen Sie das selber an unserem neuen Schuldbarometer ab, das heute ganz neu herausgekommen ist, und bestimmen Sie auch selber, wieviel davon Sie tragen wollen oder können, und dann rechnen wir es in Euro um. Der eine kriegt mehr raus, der andre weniger, warum wird unsere Währung also überhaupt umgestellt. Mehr als bisher können wir für uns nicht rausbekommen. Wir lauschen keinen Worten mehr, wir fragen keine Blume, wir fragen keinen Stern, wir schauen auf keine Tafel hin, das haben wir Spitzbuben in der Schule gelernt. Ja, das Schreiben und das Lesen sind einst unser Fach gewesen, aber jetzt sind wir in einem ganz anderen Fach, das aus unsrem guten Baumfleisch gebaut ist, und der Lehrer lacht herzlich mit und über uns und mit uns mit, wenn er uns aus dem Heimat-Boden herauszieht und der Weltpresse vorstellt, bevor wir dort endgültig, geduldiges Papier, zerrissen werden.

Er ermahnt uns, dabei ruhig zu sein. Der Heimatboden
ermahnt uns. Uns! Wir haben doch gar nichts gemacht.
Man hat etwas mit uns gemacht. Leicht gesagt. Nun, so
sind wir halt ruhig, wenn er es will, der Boden. Wir
müssen das Ganze eh noch in Ruhe umrechnen. Der
Lehrer will nicht, daß wir sprechen, und er will unsere
Aufmerksamkeit für die ernsteren Dinge auch nicht
mehr, die sollen wir uns lieber irgendwoanders anschauen, weil sie in der Schule zuviel Zeit verschlingen
würden. Inzwischen hat doch jeder einen Rechner zu
Hause. Es wird dann ein wenig auf Bänke und Stühle
des Lebens gereiht und gespuckt, nachdem die Daten
auf den Bildschirmen analysiert sind, und dann ist der
Spuk auch schon wieder vorbei, es folgen die nächsten
Daten, und dann steht der Grundzug des Geschehens
unverrückbar auf der Tafel: Das Wesen der Geschichte
ist so und so, aber der Terrorismus ist überhaupt vollkommen unberechenbar. Man weiß nicht, wo er auftritt, daher erhält er keine eigene Tafel. Wer will uns
damit wohl Achtung vor einem Geschehen einflößen?
Indem wir nicht wissen, wo es stattfindet, sonst würden wir ja sofort dorthin strömen? Wer auch immer,
er hätte dafür ein andres Wesen nehmen müssen, nicht
so ein schwächliches, er will uns wohl eher Verachtung
einflößen. Wenn wir uns selbst endlich vergessen könnten, hätten wir auch mehr Achtung vor uns, glaube ich.
Was solls. Was es auch soll, wir rechnen das alles in
unsre neue Währung um und runden es dann auf, nein
ab, nein auf, nein ab, nein auf, nein ab. Wir lauschen

gespannt, aber wir hören nichts. Wir würden ja lauschen, ob wir uns auf- oder abrunden sollen, aber wir würden nichts hören. Wir hören nichts. Der Lehrer gibt diesen trockenen Dingen das sinnliche Aussehen von Frauen, die, damit man nicht dauernd nur an ihre Körper denkt, als Schneeflocken verkleidet worden sind. Aber die sind doch wieder irgendwie was Weibliches, oder?

Schneeflöckchen und Weißröckchen: Hier, bitte sehr, hier sind sie schon! Schneeflöckchen und Weißröckchen, als Vertreterinnen von Millionen, keine Ahnung von was. Ach so, wir sind es ja selbst! Wir sind nur wir selbst. Das ist schwer, denn wie gern vertritt man andre, möglichst viele! Unsre Geschicklichkeit haben wir uns in unwegsamem Gelände angeeignet, unsre Dynamik stimmt noch nicht ganz, weil eine Flocke nicht die richtige Form fürs Hochgebirge hat und uns keiner einen Plexiglashelm aufsetzt. Der wäre doch fesch. Mancher könnte voreilig sagen: Diese Flocken schauen ja aus, als würden sie gleich dahinschmelzen! Aber nur der mitgenommene Käse schmilzt in unsre Rucksäcke hinein, die Butter auch, sogar die Bergsteigerwurst. Also bei über tausend Grad schmilzt sogar die Bergsteigerwurst, die eigentlich auf Haltbarkeit programmiert ist. Diese Schneeflocken sind zäher als wir dachten, Respekt! Das habe ich neulich sagen hören. Und jede hat eine vollkommen andre Form als die vorangegangene. Unglaublich. Ein Wunder der Natur. Aber einmal schmelzen müssen: auch sie. Gönnen Sie uns bitte diesen unschädlichen Spaß, einander dabei zuzuschauen. Teilen Sie mit uns die Erlebnisse Ihrer Ferien! Sonst müssen wir Fremdarbeiter zu Hilfe holen, falls Sie nicht einmal Ihren Spaß mit uns teilen wollen! Diese drei Fremdarbeiter sind sogar aus Amerika zu uns gekommen, diese vier bloß aus dem nahegelegenen München. Wir begrüßen sie ganz herzlich. Eine Tusche, damit wir schwarz sehen können, bitte! Wir müssen sie dann nur noch in einer Gondel zu einem Klumpen schmelzen und auf die Schienen hinausschmeißen. Oder umgekehrt: Sie hupfen selber hinaus und spielen mit sich selber Versteckerl. Erst dann ist es soweit, daß sie nie mehr zu uns zurückkommen. Sie waren schon tot, als sie starben. Dafür kommen andere, vielleicht kommen sogar mehr als vorher, wer weiß. Vielleicht gehen Tausende in diese Häuser und kommen nie mehr zu uns zurück? Man kann das vorher nicht wissen, aber nachher ist es entsetzlich. Letztlich war es doch eine Werbung für unser Schiparadies am Kitzsteinhorn. Damals haben wir nicht geahnt, daß noch so viele sterben würden, zum Glück woanders. Da kann man nichts machen, wir müssen lernen zu teilen, das sagt uns der Fremdenverkehr. Wir müssen lernen zu verdoppeln und zu verdreifachen, das sagt uns der Fremdenverkehr und das sagen uns die Nachrichten vom 11.9.01. Daß uns alles allein gehört, ist jetzt endgültig vorbei. Der Tod gehört allen.

Baum: Moment. Moment. Ich glaube, diese Sachen kann ich doch besser erklären, das ist keine Frauenarbeit. Sie rechnen das alles ja dauernd um, bevor Sie noch wissen, wieviel es überhaupt ist. Sehr unvernünftig! Typisch Hausfrau. Stecken Sie Ihre Seele, mit der Sie jetzt wedeln und weinen, damit es möglichst viele sehen, wieder ein. Strecken Sie Ihre Hand, die Sie schon ausgestreckt hatten, wieder in den Ärmel zurück, bevor sie rausfällt. Es ist eine viel, viel größere Katastrophe gefolgt. Gehen Sie rasch wieder in Ihr Haus zurück und packen Sie ein paar Sachen zusammen. Wer will, kann bleiben. Nein, wer will, kann deswegen noch lange nicht bleiben. Aber wer von Ihnen interessiert ist, kann das lesen, was wir da zusammengestellt haben, denn unsere Schulpflicht gilt ewig, das haben diese widerlichen Gutmenschen so bestimmt, daß wir endlos in die Schule gehen und nur Ihnen zuhören sollen. Also machen Sie das jetzt oder vergessen Sies ein für allemal! Hören Sie, stellen Sie sich jetzt mal in Ruhe Ihr liebstes Ausland und Ihre liebsten Ausländer zusammen, holen Sie sich, wenn er dann nach Ihren Vorstellungen gedruckt ist, Ihren Prospekt im Reisebüro und erschaffen Sie sich dann erst, bitte nicht früher, sonst wissen Sie ja nicht, wen sie betreffen, Ihre Regeln, schaffen Sie sich dann also Ihre eigenen Regeln für unser großes Ferienspiel, wenn Sie ganz sicher sind, daß Sie unsren Regeln nicht folgen wollen. Die Regeln lauten immer, daß andre noch viel mehr Tote produziert haben als wir. Und wenn Sie das alles bestimmt haben, dann machen Sie Ihren Einsatz an Menschen, wählen Sie Ihre Lieblingsmenschen aus! Sie dürfen bis zu 155 nehmen, das ist das Limit, aber morgen können Sie noch mehr einsetzen, Tausende!, wenn Sie heute gewinnen. Daß Sie das alles bestimmen, ist nur gerecht, denn wenn Sie sich das ganze Jahr einsetzen, dann sollen sich dafür jetzt andre für Sie einsetzen. Jeder bestimmt seine eigenen Regeln und seinen Einsatz, der eine verträgt mehr, der andre weniger, die Kotze rinnt um die Häuser und stinkt nach Bier, damit erleichtern wir uns gründlich das Vergessen, ich meine, wir erleichtern uns gründlich nach dem Vergessen, denn jeder muß dann nur vergessen, was er selber gemacht und gesoffen hat. Ist das nicht fein? Verreisen müssen Sie noch selber, alles übrige wird Ihnen von uns gestellt. Sie werden uns zur Verfügung gestellt. In den Bergen. In den Tälern. Auf den Hütten. Vorgestern ist hier schon wieder einer abgestürzt, oje. Es ist jetzt soundso viel Uhr. Uhrenvergleich. Wir schauen auf jemand herunter und sehen ihn nicht einmal. Wir schauen zum Himmel hinauf und sehen zwei, nein, drei Flugzeuge. Wir sehen aber noch nicht, wieviel es geschlagen hat. Gleich werden wir sehen, wo es eingeschlagen hat.

Es folgen in Leuchtschrift die Bestimmungen über den deutschen Arbeitsmarkt für die Kriegsindustrie, die uns alle ja immer schon so interessiert haben. Wir konnten es gar nicht erwarten, sie endlich zu lesen. Oder sie folgen halt nicht. Es kann auch etwas andres folgen, jedenfalls etwas Trauriges, die Daten der Toten, egal, welcher.

Hänsel und Tretel führen derweil einen kleinen Watschentanz auf, aber es soll sie nicht zu sehr anstrengen, sie müssen ja noch sprechen!

Hänsel: Bitte, wir machen ja noch alles mit der Hand, warum müssen wir also immer im Dunkeln sitzen, wie der wahre Ursprung der wichtigsten wissenschaftlichen und technischen Erfindungen? Ist dir schon aufgefallen, Tretel, Kamerad, daß sich die Duplizität der Urheberschaft in der modernen Technik und Wissenschaft dermaßen häuft, daß sogar das Patentrecht bedroht ist. Ist dir schon aufgefallen, daß wir zwei Stück sind, Tretel, hier am Weidenbach? Warum treteln wir immer gemeinsam auf, auch hier? Eine Duplizität der Einfälle, die andre nicht haben. Einer von uns würde vollauf genügen. Der Zustand der Welt gleicht einem Geflecht, an das jede neue Masche durch eine Vielzahl von Fäden und Metallträgern gesponnen wird. Wohl werden unsre Namen genannt, aber die Stimme, die sie nennt, verhallt, bevor wir sie hören können. Trotzdem sind wir irgendwie: aufgerufen. Ich bilde mir ein, das vorhin deutlich gehört zu haben. Die Nennung unsrer Namen ist dabei jedoch etwas Zufälliges, im Gegensatz zur wissenschaftlichen Entdeckung, welche zielgerichtet ist. Aber manchmal sucht man etwas und findet ganz was andres. Beispiel: Amerika. Beispiel: Aspirin.

Beispiel: Morphium. Beispiel: Das Coca im Cola. Beispiel: die Twin Towers. Ach nein, die hat man gesucht und gefunden. Da können wir einpacken gehn! Soviel Präzision beim Töten. Da müssen wir passen. Da müssen wir aufpassen: Was haben die Fremden bei uns zu suchen? Fremde plötzlich, Fremde, Fremde überall! Alles Fremde! Auf allen Wegen und Stegen und manchmal sogar auf den unmarkierten. Das werden sie noch bereuen. Wir sind doch hier, was brauchen wir die Fremden. Die andren haben mit den Fremden einen Fehler gemacht, wir machen diesen Fehler nicht. Bei uns sind und bleiben sie Fremde, nur nennen wir sie Freunde. Unsre teuren Namen, die man sich in unsrem Fall wenigstens merken kann, die man aussprechen kann, auch wenn das keiner der Mühe für wert hält, unsre Namen also blitzen einen Augenblick auf, zwei Kettenglieder im Dunkel, auf die der Taschenlampenschein fällt, in dem Moment, da die Handschellen zuschnappen. Ja, wir sind die Taschenexemplare von Millionen. Wir sind die Taschenausgabe der Menschheit. Wir sind aber vollkommen harmlos. Im Gegensatz zu andren, die gefährlich sind. Immer harmlos. Sehen Sie diese Abseitsbewegung auf dem Feld? Sie erleben mit die Flucht der geborenen Führer vor der Maschine! Ist das nicht fein, daß Sie das sehen können? Und indem die Führer fliehen, kennt man auch sie nicht mehr. Man kennt niemanden mehr. Eine Mühle seh ich blinken. Vorbei. Leider! Hätten Sie besser aufgepaßt, dann hätten Sie sie gesehn! Aber schauen Sie, hier, da ist noch was: Das Wasser steigt hurtig die hölzernen Stufen hoch und springt lustig auf der andren Seite wieder runter und ist schon weg, und ist schon weg. Und die Sonne, die helle, vom Himmel sie scheint. Und das Haus, wie so traulich und die Fenster wie blank! Und die Sonne, wie helle vom Himmel sie scheint. Und das Haus, wie so traulich und die Fenster wie blank. So, weg ist es. Und die Sonne, wie helle vom Himmel sie scheint. So, weg ist sie. War es also gemeint, mein rauschender Freund? Helle scheinen? Heller scheinen? Auch im Fernsehn, dem hellsten, das ich kenne, sind inzwischen so viele, daß man auch sie nicht mehr alle kennen kann, nicht jeden einzelnen zumindest. Nicht jeden persönlich, auch wenn sein vom Regen verwaschenes Foto mit ein paar lieben Worten und Blumen hier aufgereiht ist, neben so vielen andren. Diesen neuen Moderator habe ich ja noch nie gesehn. Wie kommt denn der daher? Nein. Wir können nicht jeden, und wir können uns schon gar nicht kennen, wir sind ja viel gehaltvoller als alle andren. Bis wir uns endlich kennen, haben wir schon längst genug von den andern. Es sind einfach zu viele. Wir sitzen im Umkreis unserer Errungenschaften, obwohl auch die eines Tages den Charakter der Langweiligkeit nicht mehr verbergen werden können. Wir haben keine Kraft mehr zu erschrecken, und sogar die Verlassenheit in uns gähnt und gähnt, wenn wir endlich als Denkmäler enthüllt werden, aber denken tun wir deswegen noch lange nicht an euch, ihr Lieben. Ihr Gastgeber. Wir Männer von Kaprun. Uns kann man heute einsacken. Uns kann man einstecken. Auf uns kann man scheißen. Wir sind verkauft. Wir haben aufgebaut, und jetzt fehlt uns die Verbindung zur Vergangenheit größtenteils, ja, auch uns. Aber das macht nichts, denn die Gegenwart ist noch viel schrecklicher, oder? Lösen wir diese Verbindung rasch, bevor wir untergehn. Ja, lösen wir die Verbindung auch zur Gegenwart, es wird keiner merken. Man hat uns vorweggenommen, und jetzt hat man uns liegenlassen. An der Kasse. Wir bleiben hier, weil man für uns nicht bezahlen wollte. Uns legt man formlos an der Kasse ab, weil sogar unser Restposten noch zu teuer war. Wieso haben wir Posten gebraucht, wir sind doch freiwillig geblieben! Uns nimmt man nicht mit, deswegen bleiben wir ja freiwillig. Also, so freiwillig ist das auch wieder nicht, nur weil einen kein andrer will. Wir haben große Verdienste, aber trotzdem, man läßt uns links liegen, während man rechts die Brieftasche herauskramt und ganz andre Bilder im Fernsehn zeigt, immer wieder dieselben, aber immerhin sind es andre. Endlich können wir in den Schatten zurück. Aber auch unsre Käufer, falls uns doch mal einer mitnimmt, wird man bald nicht mehr kennen, das haben sie jetzt davon, daß wir so viele sind! Die andren sind mehr! Davon werden wir nicht besser, eher schlechter, wie alles, von dem es zuviel gibt. Aber die andern sind ja mehr, und da läßt man uns jetzt links liegen. Vom Liegen werden wir nicht frischer. Niemand wird etwas wissen, nicht über uns, nicht über unsere Begabungen. Wir arbeiten nur hier. Schon als Knaben spielten die andren mit technischen Dingen. Sie stammen aus städtischen Schichten und werden für die Herstellung reifer späterer Produkte ausgebildet. Wir dagegen, wir arbeiteten immer nur hier im Dreck. Ja, wir arbeiten nur hier auf den Pisten. Wir arbeiten an unserem Hüftschwung und daß wir nicht am Bergschi stehn. Uns gehört hier nichts. Egal. Wir arbeiten nur hier, wie jeder Arbeiter. Durch Geliebtwerden wird man kein Engel, durch Geliehenwerden wird man aber auch nicht besser.

Schneeflöckchen *(sich in den Hüften wiegend)*: Jeder große Unternehmer stellt die Abnahme der geistigen Qualitäten des Nachwuchses fest und hat doch selber schon so abgenommen, daß er die Fitneßmaschinen gar nicht mehr braucht. Einmal zuviel hingeschaut – schon ist er verschwunden und durch den Arbeiter ersetzt worden. Es war das eine Mal zuviel, daß er Herrschaft in seiner Gestalt an dieser Front ausgeübt hat. Die großen Unternehmen kennen sich auch nicht mehr. Sie kennen uns nicht, und man kennt sie nicht. Sie haben sich selbst gefressen, nachdem sie alle anderen gefressen hatten. Alles steht still. Doch dieser Stillstand ist gefährlich, wie jeder, weil dann leider wieder irgendwas anfängt, und jeder Anfang verweist schon auf sein Ende, da kann die Hand geschult sein, wie sie will. Die Hände meutern gegen ihr Schicksal, doch da ist niemand, gegen den sie meutern könnten. Da ist die Leere. Die Leere. Die Leere. Auch die Hände werden verschwinden. Ihr Werk unter Druck wie Kartenhäuser zusammengebrochen. Und das Viele? Zusammengebrochen. Einfach zusammengebrochen. Bessere Ärzte für alle. Bessere Schulen für alle. Bessere Spitäler für alle. Auf der andren Seite. Das Gebirg. Unsere Arbeit wird in die Leere hinein verkauft. Dieses Dunkel der großen Massen ist die Voraussetzung, daß wir beide jetzt, in diesem Moment, kurz aufblitzen können als Menschen, Herr Hänsel. Sterne, die errechnet, aber noch von keinem Fernrohr gefunden sind. Nein, wir sind nicht die Stars. Auch wenn wir vor Ihrer Kamera stehen. Der Star ist hier eindeutig das Gebirge. Der Star ist das Stauwerk. Der Star ist der Strom. Aber auch ihn kann man nur in seinen Auswirkungen fotografieren, nicht als Individuum. In alle Gebiete dringt der totale Arbeitscharakter ein, sogar in Fußballspiele, und er ist das einzige, was von uns bleibt, jaja, kein Aufenthalt hier, die Spieler rackern sich ab, die Zuschauer stehen auch unter Strom, nur wissen die Menschen nicht, wenn sie sich ein Spiel anschauen, daß sie der Arbeit von andren Menschen beiwohnen. Die Gestalt des universellen Arbeiters durchdringt die Welt, nur weiß es die Welt noch nicht. Kein Stück vom Kuchen mehr übrig. Doch, diese tapferen und tüchtigen Bauarbeiter bekommen gratis je ein Stück Kuchen von den Geschäftsleuten im Ort. Doch es ist kein Halten mehr. Wasser durchdringt Wasser, nur weiß es das Wasser nicht. Verraten und verkauft. An uns. Wieso an uns? Es ist unser Kapital, das Wasser, und jetzt verkaufen wir es. Sogar an eine U-Bahn-Station haben wir schon Wasser verkauft. Nein, die hat es auch gratis erhalten. Das ist gemein von uns und gegen uns. Wasser verkaufen, etwas, das man kaum sieht und das nach nichts schmeckt. Wer sagt uns Arbeitern denn, wie Wasserkraftwerke die strömenden Wasser ausnützen, um Generatoren anzutreiben, wenn wir das Wasser kaum sehen? Wer sagt uns denn, daß die Menge des erzeugten Stroms im wesentlichen von der Fallhöhe und der Wassermenge abhängt? Wer zeigt uns denn ein Schnittmodell eines Laufwasserkraftwerks mit Kaplanturbine und Generator? Wer sagt uns, welche Turbine für diese Fallhöhe und diese Wassermassen die geeignete ist? Wer zeigt sie uns, die zwei riesigen Almböden in den Hohen Tauern, Almböden mit gigantischem Gefälle, mit der Möglichkeit, zwischen zwei Staubecken einen Pumpspeicher-Betrieb anzulegen? Wer sagt uns denn, was eine Flasche Mineralwasser beim Hofer kostet? Wer sagt uns, was es kostet, diese sechs Meter Wasser aus dieser U-Bahn-Station wieder zu entfernen? Wer? Dieser Zettel sagt es uns. Da steht es drauf. Ich schaue in die Kamera und sage diese Zahl. Bitte, der Krieg war ein Einschnitt. Aber jetzt steht es wieder da, was auch immer.

Noch mehr Schneeflöckchen und Weißröckchen mit Kolleginnen tanzen herein. Als Wattebäusche verkleidet. Wie der Wald. Frauenballett.

Schneeflöckchen: Wir! Wir Weißen! Wir, die Weißen! Sage ich jetzt einmal so dahin. Meine Freundin sagt es auch, und meine zweitbeste Freundin sagt es ebenfalls. Ich hab euch so gern, ihr Arbeiter, wie Schulbuben seid ihr, kein Vergnügen eurer Herren laßt ihr aus, um zur Anwendung, ob im Gebirg oder im Tunnel, gebracht zu werden. Das Gebirg geht mit einer Packung 5:0 oder so nach Haus, mehr Flocken haben wir nicht. Strengts euch an! Ich möchte es sonst Verrat an der Technik nennen, wenn ihr nicht spurts. Ihr Lausbubenköpfe. Schön arbeiten, damit ihr nicht geringgeschätzelt werdets! Nichts zu wünschen übrig lassen! Wasser gibts überall, Berg gibts überall, Gefälle gibts überall, Baugrund gibts überall, aber nur die weißen Ingenieure könnens erschließen, gell! Na los, macht mal! Söhne von Familien, stark begabt, 100 000 hervorragende Köpfe, mindestens! Organisatoren, Erfinder, Ingenieure! Sind im Alleinbesitz nicht der Stoffe, sondern der Methoden und Gehirne, die zu deren Anwendung geschult sind.

Weißröckchen: Ich auch weiß, ich auch weiß! Darauf beruht meine luxuriöse Lebenshaltung. Fürstliche Einnahmen im Vergleich zum Farbigen, ghört auch Rußland und ein Teil Süd- und Südosteuropas dazu, gell, ja. Der Lohn des weißen Arbeiters ist heute eine Gefahr für sein Leben. O weh! Ich tret vors Haus auf die Gasse hinaus, die Lichter gehn an, wer hat das wieder getan? Mir wird es zu warm. Wenns warm wird, bin ich eine

Staubwolke, dann bin ich nämlich in Tunesien, in Afghanistan, nein, dort nicht, oder auf den Malediven, ja, dort viel lieber. Dort, an vielen Plätzen, besonders wenn man Tennis spielen will, nennt man den Staub Sand.

Schneeflöckchen: Keine Ahnung. Arbeiters. Irgendwo. Außerhalb vom Glanz. Stehn nicht im Licht, stehn in der Finsternis und werden von ihren irrlichterzuckenden Erinnerungen zerfetzt. Stehn am Flugschalter, stehn in der Abflughalle, stehn an der Gepäckabfertigung, stehn bis zum Bauch im Dreck, stehn am Reklamationsschalter. Was für das Mittelalter die Kathedralen, sind für die Gegenwart die modernen Bauten der Technik, wird stolz bei der Inbetriebnahme vermerkt werden. Pelton-Turbinen in Verbindung mit Generatoren der Firma Escher-Wyss erzeugen jetzt bald jährlich 486 Millionen kW/h. Eine unvorstellbare Summe von Hergestelltem, und dann sieht man es noch nicht einmal. Flugzeuge, die in Hochhäuser kleschen. Und dann sieht man es noch einmal und noch einmal.

Weißröckchen: Wusch! Gut, daß wir hergekommen sind! Dieser Abstecher sticht mich aber jetzt schon. Mich reuts. Im Grund reuts mich schon wieder. O Bächlein, meiner Liebe, was bist du wunderlich! Die unersetzlichen Vorrechte der weißen Völker sind verschwendet, verschleudert, verraten worden. Die Gegner haben ihre Vorbilder erreicht, vielleicht mit der Verschmitztheit farbiger Rassen. Die überreife Intelligenz uralter Zivilisationen wird mit links übertroffen, eine Waffe gegen das Herz der faustischen Kultur, oder was? Schauts euch das Diorama an, wenns mir nicht glaubts!

Hänsel: Na ja, stimmt im Prinzip. Ich bin aber ein Leidtragender, ein Pfiff in der Gasse, ein Atemzug im Spital, ein weggeschmissenes Zuckerlpapierl, eine vor der Zeit verbrauchte Zahnbürste, eine in einer Falte steckengebliebene Klopapierfaser, ein Helfer in Schutt und Schlamm, dem beim Helfen ein Haus auf den Kopf fällt. Und das alles, um Leben zu retten, das es nicht mehr gibt. Ich würde es auch retten, selbstverständlich, aber es gibt ja keins mehr. Keins mehr da. Unsere Tätigkeiten uniformieren sich, aber sie gehören nicht mehr anderen Menschen. Sie gehören nur uns. Nein, sie gehören natürlich auch nicht uns selbst. Niemand eignet sich mehr unsre Arbeit an, so wie früher. Wer will uns, wer will mich? O, war das schön! War es also gemeint? War es also geweint? Nein, kann nicht so bös gemeint gewesen sein, wie wir es dann, ja im Wasser, ausbaden mußten. Wir hätten doch nie gedacht, daß es eine solche Demütigung einmal geben würde, daß niemand mehr da wäre, der sich unsere Arbeit von der Stange nehmen wollte, weil alle nur noch in Massen, nach den Massen, arbeiten lassen, aber es ist nie mehr unser Maß. Keine Ahnung, für wen sie das Maß nehmen, es paßt uns nie. Es paßt immer. Für den Herrn

Jünger war es sein Maß, und für ihn war es Maßarbeit. Aber für uns sind es die Massen, die ihr Maß hergeben müssen, und wir sind in der Größe immer dazwischen. Irgendwie geht es schon. Wir müssen. Wir sind interesselos, aber wir müssen ja etwas tun. Es ist nicht, wie du sagst. Kein Auge fällt auf uns. Wir können unsere Tätigkeit steigern, soviel wir wollen, niemand schaut auf uns. Und neuerdings müssen wir sogar im Urlaub schmelzen, ich meine den Urlaub streichen, weil wir in der Tariffrage nicht fest genug geblieben sind. Wir haben doch nicht einmal uns etwas zu sagen.

Tretel *(beleidigt)*: Aber die, aber die, aber die, die uns nicht einmal anschauen, die glauben, sie sind wer, und glauben, sie sind mehr. Und sind doch alle nur sowenig wie wir. Aber jeder richtet das auf uns spuckende Fernsehrohr auf sie, immer nur auf sie. Wie machen sie das? Da ist doch dieser Mann, der immer die Moral so stark geißelt. Wir wollen jetzt auch dieser Mann sein, der uns das zugeteilte Material stiehlt und sich dann als erster darüber entrüstet. Ja, da hat er seine selbstgemachte Entrüstung. Bitte sehr. Wir packen sie ihm gerne ein. Unser Machtmittel, sagt er, ist die Verteidigung der Moralität. Sein Machtmittel, sagt er, ist der Angriff auf die Moralität. Er ist kein Guter der Menschheit, und er macht uns unhöflich mit unseren Widersprüchen bekannt, gut sein zu wollen, es aber nicht zu sein. Doch letztlich sind wir die Güter der Menschheit. Ach was, ich klinke mich aus dem Kampf um Weltmachtbesitz und Weltmoralbesitz heute einmal aus. Soll er sie alleine haben und behalten oder wegschmeißen, von mir aus, wer auch immer. Unser schärfster Kritiker, der gern in einer Landschaft aus Eis und Feuer geboren wäre und doch nur in einem Stall geboren ist, wie die meisten Erlöser, die noch dazu vorgeben, keine sein zu wollen. Das könnte ihnen so passen. Die erlösen uns jetzt und aus. Kein andrer richtet seinen Feldstecher auf uns, keiner. Nur der Erlöser. Jetzt treibt er gerade zu seinem Weltmachtkampf durch den Weltraum, und alle schauen ganz woandershin, obwohl ihn die Kamera gar nicht erwischt hat, wie er mit fünf Toren gegen Nullen gewonnen hat, und sie ihn dabei nicht sehen konnten wegen der blöden Kamera, die dazwischen gestanden ist. Alle alle alle sind ebenfalls blöd, nur er nicht. Wird er heute jemand erlösen oder wird er es morgen machen? Wird er es sein oder ein anderer? Er wird es sein, er wird es aber erst übermorgen machen, damit er zuvor noch zwei Tage über sein Erlösungswerk sprechen kann. Trotzdem, es ist der Kamera gerade noch gelungen, ihm ein sehr breites Grinsen anzudichten, das aber natürlich nicht natürlich, ich meine echt ist. Also der profitiert gewiß nicht von der Blindheit der Menschheit, er profitiert davon, daß ihn alle sehen. Uns keiner. Alle ihn. Den Erlöser. Jetzt, wo die Kamera ihn endlich gekriegt hat. Vielleicht ist das Fernrohr ja ein spuckendes Todesrohr? Na, das will ich nicht hoffen. Obwohl wir ihn anschauen, schaut keiner auf uns. Immer noch keiner. Doch. Wer weiß. Die anderen werden vielleicht am Wörthersee oder im Salzkammergut fotografiert, und auch sie sind niemand, der eine Moral hat, und auch sie sind doch so stolz darauf. Wo man hinschaut: Stolz! Super, Superbia. Suburbia, die Königin der Arbeiter. Ihre Burg, ihre Bienenwabe, wo täglich nicht etwa die endgültige Ordnung, sondern die Veränderung, ich meine die Verhinderung der Unordnung entsteht, unter der die Leute ein großes Gesetz zu erraten versuchen, aber sie sind zum Casting fürs Millionenspiel wieder nicht eingeladen worden. Das wäre ihr Besteck zum Öffnen ihrer Mitbürger gewesen, und jetzt müssen sie ein neues Besteck nehmen, mit dem sie wieder kein Menschenfleisch essen werden können. Nicht scharf genug. Und da ist ein Mann, der hat die Moral, keine zu haben. Urgeil. Das Wesen seiner Macht hat auch noch die unangenehme Eigenschaft, sich an der Kassa immer vorzudrängen, obwohl es ans Zahlen geht, wo niemand gern der erste ist. Er weiß alles, bevor der Zeitungsständer, der es ihm sagen wird, zusammenfallen kann, weil einer vor Wut gegen ihn getreten hat. Der Ständer hat ihm einen Schilling vierzig nicht herausgegeben, bzw. zwanzig Pfennige bzw. zehn Cents. Auch dumm. Selber dumm. Dieser Mann sagt da grade zu mir, er steht in der Zeitung, falls ihn jemand sucht. Aha, da ist er schon! Nein, stimmt nicht, er ist ein andrer. Grad im supersten Markt drängt er sich schon wieder ganz besonders vor, da lohnt es sich, weil ja so viele dort stehen und ihre Moralkeulen aus dem Tiefkühlfach im Einkaufskorb liegen haben.

Vorwitzig schaut so mancher, den ich gar nicht gemeint habe, immer nach, was die Leute so eingekauft haben, und spottet über diese mageren Keulen, die sie wieder erwischt haben. Wenn diese Keulen nicht bald wieder in ein Tiefkühlfach kommen, dann werden sie auch noch total weich, und dann kann man niemand mehr damit auf den Schädel hauen. Der Mann, der auch das Weichliche ganz besonders haßt, hält uns an der Kasse mit seinen blöden Beschwerden auf, daß die die Zeitung nicht führen, in der er die ganze Zeit schon steht und wartet, daß ihn einer da rausholt. Und jetzt geht der Ständer nicht auf. Der Mann zählt nervös sein Geld nach. Vielleicht hat er nicht genug für sich? Vielleicht hat er nicht genug, um für die Zeitung zu zahlen, die ihn brausend und schäumend mit sich führt und alle fortreißt bei seinem Anblick? Wir warten, wir warten, wir warten, daß auch wir endlich zahlen können, und unsre Moralkeulen werden dabei weicher und weicher. Also da treff ich diese Leute doch viel lieber im Mediterranclub, da hat man auch mehr Zeit und die Keulen sind dann schon gebraten, weil sie so lang in der Sonne gelegen sind. Sie haben sich Wanderschuhe, Kniehosen und Rucksäcke gewählt, die Kollegen Touristen, und dann haben sie sich ihre Spaziergänge ausgesucht, jeder seinen, genauso, wie jeder sich seine Moral hat aussuchen dürfen, und wenn ich jetzt nur von uns ausgehe und nirgendwo ankomme, sehe ich in der Ferne schon die Zillertaler Alpen, den Stausee Schlegeis, das Pfitscher Joch, die Olperer Hütte, das Friesenberghaus und die Wanderung entlang des Sees zum Futschaglhaus. Das wird Ihnen aber in Erinnerung bleiben, sakra sakra! Dafür garantieren wir. Aber auch Sie werden in Erinnerung bleiben: keinem einzigen. Also nehmen Sie Ihre blöde Moralkeule, wir haben sie schon vorgewürzt, und jetzt wimmelt sie natürlich nur so von Salmonellen und Bazillos. Gehen Sie endlich weiter, sehen Sie nicht, da warten noch andre mit ganz eigenen Keulen! Also, was Sie sich da genommen haben, ist eine stinknormale Hühnerkeule, stinkend und normal wie dieses Land. Den Unterschied werden Sie doch noch kennen! Keine Ahnung, welchen. Drehen Sie sich nicht um, sonst werden Sie noch zu Stein und müssen ins Denkmal hinein, die andren stehen nämlich direkt hinter Ihnen und wollen alle auch noch aufs Denkmal mit drauf, damit es mit Lebenden schon vollgeräumt ist, wenn man es für die Toten braucht. Was, Sie waren immer schon aus Stein und sehr hoch und das alles kann Sie daher nicht schrecken? Dann entschuldigen Sie bitte vielmals! Ich nehme alles, was ich gesagt habe, wieder zurück. Unwillen im Publikum, weil sie es sich ja leider anhören mußten. Und jetzt nehme ich es einfach so der Umstände wegen wieder zurück. Man soll nicht so häßlich reden, wenn so häßliche Dinge passieren.

Hänsel: Danke, wir haben schon gegessen. Wir haben schon vergessen. Was machen Sie hier? Wer hat Ihnen Freiheit gegönnt? Jeder kann sich uns widmen, doch wir heben ihn in unseren Augenfächern nicht auf. Er darf dauernd zerstreut sein, der uns sieht, denn er sieht nichts. Und so ging das weiter. Zaghaft nur fassen wir es. Und schließlich beginnt, nach langen Mühen, langsam, aber sicher, der Begriff der persönlichen Leistung sich zu verändern, vom individuellen Arbeitscharakter zum totalen Arbeitscharakter. Findest du nicht, Tretel? Wann hat das begonnen? Weißt dus noch? Weißt du noch, wie du daran geglaubt hast, daß stählerne Maschinen dastehen, wartend auf des Menschen Machtgebot, um dem Menschen tausendfach zu dienen und seine Wohnungen wegzuräumen und seine Büros auch? Alles pulverisiert und dann von der Ewigkeit gegen ihr ewiges Sodbrennen eingenommen. Weißt du noch? Hörst du unsren Chor, der gesungen hat, so schön war das damals, er hat gesungen: Rings ist Brot im Überfluß, warum müssen wir hungern? Rings ist Freude und Genuß, warum müssen wir hungern? Für uns zu werken in Ewigkeit die Maschinen stehen rings bereit, warum müssen wir hungern? Na, müssen wir doch gar nicht! Wer hat denn das wieder erfunden, daß wir angeblich hungern müssen? Wer auch immer, nachträglich schämen wir uns sehr, ihn dermaßen dazu gereizt und angelogen zu haben, daß er das geschrieben hat. Diese Welt der Herren und der Knechte, diese Welt, die nutzlos läßt und brach Menschenfleiß und tiefe Kohlenschächte – diese Welt wankt, sie ist alt und schwach. Eine neue fordert ihre Rechte? Na, hoffentlich sehe ich deine Rechte noch rechtzeitig kommen, Tretel! Ach, da sind Sie ja, ich hatte Sie ganz woanders gesucht, sehr gut, bitte, nehmen Sie Platz und schauen Sie sich dieses niederdrückende Bild der Zerstörung an, aber die wird sich bald wieder ordnen, keine Sorge. Wir machen das schon. Was jetzt noch wie Zerstörung ausschaut, wird bald eine gigantische Staumauer sein und in den wichtigsten Teilen, von Zwangsarbeitern und Kriegsgefangenen errichtet und überschüttet, nein, nicht mit Geld, mit Feuchtigkeit. Wasser Wasser Wasser. Kapiert? Erst im Herbst darf ja der Bauleiter wieder aufatmen, wenn die Regenfälle nachlassen. Sonst hat er zuviel davon und vor allem an den falschen Stellen.

Tretel: Aber die Mauer kommt nicht, Hänsel. Keine Sorge. Nie kommt die, das sag ich dir! Oder doch? Ach, da ist sie ja! Eine Kahnfahrt auf diesem See, den wir selber gemacht haben, wär jetzt schön, wo er schon da ist. Glaubst nicht? Man würde sich wie ein Bräutigam seines eigenen Werks fühlen. Wir hätten so ein Vergnügen auf einer schönen Bank am Wasser oder im Boot, wir könnten unsere Gedanken zu diesem schönen Gebirge in Beziehung setzen, wer sollte uns dran hindern, und wir würden keinen Moment daran denken, daß wir es waren, die diesen See aufgestaut haben. Vielleicht ist unsre Seele zu unerwachsen, als daß wir es von diesem hohen Horizont ablesen könnten, was wir da gemacht haben. Wir sind in Übereinstimmung, Hänsel, weil wir dasselbe sind wie all diese vielen, die Bier trinken und Eckenkäse und Wurst essen. Wir sind das Eisen, und wir schüren die Brände. Wir rufen das Volk zum Neuland der Tat. Uff. Das war schwer, das habe ich persönlich auswendig gelernt! Da ruf ich und ruf ich, die Leute schauen herum, ob sie uns irgendwo sehen. Da wir doch sprechen können, sind wir vielleicht der Beachtung wert, in allen Ehren selbstverständlich, es ist kein Blick, der einen auszieht, es ist eher ein anziehender Blick, wir kommen, Menschen, wir kommen! Wir kommen ja schon! Das Fleisch kommt! Frisches Fleisch für die Baustelle kommt! Moment noch! Nicht diese gefrorenen Keulen vom Lamm Gottes. Nein, Frischfleisch! Entschuldigung, wenns ein bisserl dauert. Aber dafür sind wir doch so viele und so frisch eingefangen! Wir sind so viele von uns! Wir sind soundso viel von uns! Und alle alle alle eingestampft, und nichts Neues wird aus uns entstehen und von uns kommen. Nun, wies auch mag sein, ich gebe mich drein. Was ich such, hab ich funden, wies immer mag sein. Nach Arbeit ich frug, nun hab ich genug für die Hände, fürs Herze, vollauf genug, vollauf genug! Da sind wir schon, ja, da sind wir schon, und da ist auch wieder der Blick, der uns gefolgt ist. Wohin er sich richtet, er fällt auf unsre Arbeit, ohne sich dessen bewußt zu sein, daß es Arbeit ist. Doch Arbeit ist alles. Vollauf genug, vollauf genug. Arbeit Arbeit Arbeit. Sie wird in anonymem Sinn geleistet, sogar von den Häusern selbst, die es von den Arbeitern gelernt haben, aber immerhin, sie wird geleistet, die Arbeit. Für die Hände, fürs Herze. Vollauf genug. Das gilt auch für Gebiete, zu denen die individuelle Anstrengung in einem besondren Verhältnis steht, nämlich die konstruktive Arbeit. War es also gemeint, mein rauschender Freund? Gut. Hab ich dich richtig verstanden. So, jetzt können Sie Ihren Blitz einschalten, ich sehe, es ist ein Augenblitz aus halb geschlossenen Lidern, ach nein, es ist ein Blitzlicht, egal, es kann Tausende Ausschnitte beobachten und versteht doch nichts von ihnen. Ich habe keine geeigneten Schuhe fürs Gebirg. Warum man mich wohl Tretel genannt hat? Damit ich nicht einmal ordentliche Schuh hab und abrutsch und abstürz? Damit ich nicht auf rutschigen Holzsohlen gehen muß? Damit ich nicht in meinen Sonntagsschuhen mit der dünnen, erst einmal gedoppelten Ledersohle gehen muß, die ich im Kino trug, als sie mich fingen. Sie mußten ihr Kontingent erfüllen. So. Und das Paar Stöckelschuhe, im Aschestaub, mitten auf der Straße, zurückgelassen, was ist damit? Darüber haben wir überhaupt noch nicht gesprochen. Meine Mutter hätte das nicht gewollt, daß sie mich unter noch viel hellerem Feuer und viel dunklerem Rauch einfangen, als sie mich das dämmrige Licht der Welt erblicken ließ, und mit deiner wird es ganz ähnlich gewesen sein, Hänsel, denke ich mir. Sie hat sich alles für dich gewünscht, sie hat auf die Lust und Unlust von dir als Individuum Wert gelegt. Sie hat nicht gewollt, daß nur auf deine Arbeit Wert gelegt wird. Daß du ein Fremder bist, der arbeiten muß, ein Fremder. Hätt er tausend Arme zu rühren, könnt er brausend die Räder führen! Ach so, ich bin der Fremde? Na schön, bin halt heute einmal ich der Fremde! Der Tote ist immer ein Fremder, aber diese Tausende Toten, die gehören uns, die gehören für immer zu uns. Andre Tote gehören partout nicht zu uns, diese aber schon. Sonst sinds ja oft die anderen, die tot sind. Heute einmal bins ich. Könnt ich wehen durch alle Haine, könnt ich drehen alle Steine! Es blitzt, und du weißt gar nicht, ob du ein Fotoshooting siehst, ein Schlachtfeld, einen Röntgenapparat bei der Arbeit oder Objekte für verstohlene Seitenblicke, aufgenommen beim Nichtstun am See, bald wieder gefeuert von der Hand an der Fernbedienung. Es blitzt, und den Menschen steht das Haar senkrecht in die Höhe vor Entsetzen, wenn sie uns sehn. Sie sind es nicht gewöhnt, Menschen wie uns zu sehen. Tote. Lebende Tote. Arbeiter. Egal. Daran ist jedenfalls diesmal nicht die deutsche Elektroindustrie schuld! Ach, wie ist mein Arm so schwach, was ich hebe, was ich trage, was ich schneide, was ich schlage, jeder Knappe tut mirs nach, jeder Knappe tut mirs nach.

Es tritt ein weiteres Menschenheer, verkleidet als Bäume, auf. Ich plädiere für: Zirben. Das kann durchaus komisch sein, sozusagen Plüschbäume, ein ganzer Wald, die Auftretenden haben sich die Bäume umgeschnallt und tanzen herum wie in einem lächerlichen Kinderballett. Nach einiger Zeit folgen Mädchen, ebenso verkleidet wie Schneeflöckchen und Weißröckchen. Sie begleiten pantomimisch mit flatternden Bewegungen das Gesprochene. Immer mehr sprechen sie es dann mit, bis sie übernehmen.

Hänsel: Ach nein. Beruhige dich. Wohl werden unsere Namen genannt, wenn man uns braucht, doch wir haben keine Namen. Es dauert Wochen, bis man unsere Namen überhaupt kennt. Wir sind ja nichts. Das kann auch erleichternd sein. Plötzlich hat nur noch die Zahl Wert. Fast siebentausend! Ach so, ich übertreibe, gut, daß Sie es mir mitteilen. Höchstens die Hälfte also. In der Arbeit der Hände ist der einzelne nun ganz ohne Bedeutung. Nur die Zahl, unsre liebe Zahl hat noch Wert. Unsere liebe Zahl, hergestellt vom lieben Gott, jawohl, jeder einzelne von uns. Wir sind die Masse, ähnlich der Wassermasse. Doch wir machen uns ja nur selber Angst. Wir sind die Meuterei der Hände gegen ihr Schicksal, die Arbeit. Aber wir müssen. Wir müssen. Zuerst gegen die Maschine, dann gegen alles. Wir verneinen uns selbst, wenn wir uns nicht führen lassen wollen. Wir sind ein verlorener Menschenhaufen. Wir sind wie das Wasser. Nein, das wird sorgsam gesammelt und liebevoll betreut von seinen Freunden, die derzeit lächelnd den grünen Wald erblicken, als wärs das erste Mal. Seine Wurzeln halten das Wasser nicht, doch, sie halten es schon, sagt man mir gerade. Ihre Kronen verdunkeln uns. Nur Gefühllose haben davon keine Ahnung. Wir sind die Ziegeltrümmer. Wir sind der Beton. Wir sind ein Stahlgerüst. Wir sind viele, aber Zahl bedeutet den Tod der Führer. Zahl weiß es. Wir, die zahlen, wissen es. Und sitz ich in der großen Runde, in der stillen, kühlen Feierstunde, und der Meister spricht zu allen, euer Werk hat mir gefallen, und das liebe Mädchen sagt allen eine gute Nacht, allen eine gute Nacht. Spaziergänger, schau, bleib auch du einen Moment bei deinem flachen Versuch stehn, uns zu besichtigen, du hast so schöne Bergschuhe, o, die hätte ich auch gern, sie würden mir meine Arbeit sehr erleichtern. Aber dieses Paar schwarze Stöckelschuhe hat jemand das Wegrennen erschwert. Der Name der Dame ist nicht bekannt. Wenn schon nicht mein Name an meine Arbeit geheftet ist, dann wenigstens diese Schuhe an meine Füße. Oder diese Schuhe weg, von andern Füßen. Wie gern hätt ich Schuhe, ich Fremder. Was bin ich wunderlich! Was bin ich handlich! Was bleibt mir übrig? Was bleibt mir übrig. Aber die Tat ist ja nichts mehr, die Tätigkeit ist nichts mehr, die Art der Tätigkeit ist vielleicht noch wichtig, so wie der Arbeiter nur mehr als Art wichtig ist, nicht als Person. Wir sind die Namenlosen. Wir gehören zur Welt der Gestalten, weil wir gestalten müssen, nein, um Ihre Frage korrekt zu beantworten, weil Sie vielleicht was andres gehört haben, lassen Sie mich klarstellen: Wir gehören nicht zur Welt der Individuen. Wir sind die Welt der Fremden, die in stillen Kolonnen, aber mit lauter Gewalt hierhergebracht wurden. O, wie weit die Grenzen verwischt wurden! Ich sehe sie ja gar nicht mehr, die Grenzen. Es ist alles unser Inland, unter dessen Blättern wir es uns gutgehen lassen wollen. Dann kam die Fangaktion. Dieser Baum dort wurde in einer Fangaktion in einer Straßenbahn in Warschau eingefangen. Jener in einem Eisenbahnzug. Der dort, den haben sie beim

Spazierengehen in einer namenlosen polnischen Stadt, die inzwischen dem Erdboden gleichgemacht wurde, gefunden, ich, wie gesagt, im Kino, aus der Nachmittagsvorstellung hinaus und ins Unvorstellbare hinein. Diese Stöckelschuhe wurden auf der Straße gefunden. Die dazu passende Frau ist verschwunden, aber hoffentlich noch vorhanden. Der Fremde und ich, wir könnten ohnedies dorthin nicht mehr zurück, wo wir abgeholt worden sind. Der da, fast hätt ich ihn vergessen, den Bruder Leichtfuß, der gesinnt und getrachtet hat, als dafür noch Zeit war: Fußtritte zerbrachen die Tür zu seiner einsamen Studierstube, jetzt steht er halb verhungert am Berg und errichtet riesige Wälle. Das hat er sich nicht gedacht, was? Das hätte er sich nicht vorstellen können, gell? Daß etwas so groß sein kann! Bis dahin hatte er geglaubt, Goethes Faust sei groß. Jetzt weiß er es besser. Und daß wir so groß sein können, so etwas zu machen! Daß so viele sich eine extra selbstgemachte Entrüstung kaufen werden, eigens wegen uns! Keine Sorge, sie sind schon wieder still. Das ist großartig, daß sie halbe Jahrhunderte später die leibliche Substanz unsrer Menschenkörper werden retten wollen, wenn es längst nichts mehr zu retten gibt. Sollen sie doch andre retten! Wir werden dann nicht mehr zu retten gewesen sein, nicht einmal geistige Substanz wird bleiben, denn Klugheit ist etwas Mittelmäßiges, und viele Leute mögen Mittelmäßigkeit nicht ausstehen, bitte, da melde ich mich sofort, auch ich kann sie nicht ausstehen. Nichts wird bleiben. Ein Bild wird bleiben, aber es wird nie eins von uns sein. Die Bilder werden ganz andre sein. Sie werden einen Schistar und eine fesche Frau zeigen, die sich selbst darstellt und der das schon genug ist, und es ist auch damit schon genug. Sie wird den Menschen an sich verkörpern, und es wird ein schöner Körper sein, der sich selbst genug ist. Sie wird sie sein. Sie wird nicht ich sein, sie wird sie sein, und sie ist eine Frau. Und sie wird aufstehen, und sie wird eine schneeweiße enge Hose und ein schneeweißes Top mit Spaghettiträgern anhaben, und sie wird auf sich zeigen und sie wird sagen, das bin ich, ich bin nicht mehr, ich bin nicht weniger, ich bin ich, und Sie alle können es sehen! Das Wunderbare, verkörpert in meinem Körper, das Sie gar nicht glauben werden können, wenn Sie es sehen, das bin ich! Schauen Sie nur hin! Das wird diese Frau sagen. Sie wird sagen: Mein Körper ist mein Machtbesitz, da können Sie gar nichts dagegen machen, daß ich jetzt die Macht übernommen habe und sie genau in meinem Körper verkörpere. Ich muß sie nicht tragen. Ich bin sie, und ich verkörpere sie! Das haben Sie jetzt davon, daß Sie den Menschen zuerst den Machtbesitz vorenthalten haben und ihnen dann doch Machthaber gegeben haben, und das bin jetzt alles ich. Ich bin durch meinen wunderbar schönen Körper eine Machthaberin geworden, und deswegen kann, ja darf ich meinen Körper niemandem vorenthalten. Das wird diese Frau sagen. Denn die Macht ist dazu da, daß sie ausgeübt wird. Man muß vorher nicht üben, wenn man so einen schönen Körper hat, man darf gleich: ausüben. Ausüben, ohne zu üben, ohne geübt zu haben. Ist auch nicht nötig. Mein Körper, der kann es von sich aus, das wird diese Frau als Frau sagen. Man ist berechtigt, aber sie ganz besonders. Man kann durch die Sperre gehen und muß nichts entwerten, man ist von vornherein ja schon sehr ermächtigt. Natürlich kann ich nur wie wenige sein, das heißt, nicht viele können natürlich sein wie ich, wird diese Frau sagen, sie wird sagen: Ich meine, nicht viele können so natürlich sein wie ich und trotzdem auch noch eine neue Badeanzuglinie vorstellen, die die natürliche Form des Körpers ungeheuer verbessert. Die swim-line, so nenne ich sie einmal, wird die Frau sagen, das kann man sich merken, wird die Frau sagen und hoffen, daß es stimmt. Dieser Badeanzug paßt jeder Frau, wird sie sagen. An ihr wird es ja auch stimmen. Denn was die Natur gewollt hat, das kann der Mensch gar nicht oft genug trennen. Er kann den Biomüll herausfischen und essen, er kann das Altpapier herausfischen und essen. Er kann den Restmüll herausfischen und endlich echt was wegwerfen. Aber er kann nicht trennen, was so fest zusammengewachsen ist, im Feuer, 155 Menschen zu einer einzigen Person, und von der ist auch nichts mehr übrig, und das erste, was weg war, waren die sportiven Kunststoffdressen. Da, ich sehe es in einer weiteren Television, ach, wie schade, daß ich so früh verstorben bin!, da sehe ich, wie viele Menschen dann überhaupt vollkommen nackt sein werden. Je schöner, desto nackter! Nackter wird es nicht mehr gehen, aber nackt werden sie schon gehen dürfen, überall. Es ist unvorstellbar, und es wird vor allem den Muslimen unter uns nicht gefallen. Für die wird das ein Hammer sein. Die übrigen Menschen werden sagen: Wenn Sie wollen, daß ich mich ausziehe, dann ziehe ich mich aus. Mein Körper ist Allgemeingut, hahahaha. Wenn Sie wollen, daß ich mich ausziehe, dann ziehe ich mich aus. Mein Körper ist Allgemeingut, hahahaha. Ich trage ihn zu Markt, das ist immerhin ein Ziel, das ich habe. Wer gibt mir was für ihn? Na so was: Das Fernsehn gibt mir was für ihn! Hätte ich nicht gedacht. Aber ich nehme es ja vom Lebendigen. Ich fühle mich heute wieder sehr lebendig, wie übrigens immer, nicht so wie der römische Soldat, dessen Gebeine man vor einem Tor in Pompeji gefunden hat, der starb, weil man beim Ausbruch des Vesuvs vergessen hatte, ihn abzulösen. Dieses ehrliche Ende dieser ehrlichen Haut soll das einzige sein, das man dem Menschen nicht nehmen kann? Also bitte, mir hat man mein ehrliches Ende schon genommen! Das muß ich leider sagen, aber leider bin ich damit zu früh dran. Derzeit sagt man noch nicht, daß mein Ende ehrlich war. Das wird man erst in einem halben Jahrhundert sagen. Bitte, da ist mir der Körper dieser Frau lieber, der ist wenigstens ehrlich, außer daß sie sich die Brüste, die Lippen, die Wangenknochen und den Hintern hat wie zu Buttersemmeln schön fett aufspritzen lassen. Aber sonst ist er urehrlich, dieser Körper. Meiner war vielleicht nicht so urehrlich. In ihm ist das Seiende noch in seine Grenzen verwiesen worden.

In dieser Frau hat das Seiende endgültig seine Grenzen aufgehoben und ist ein Gemachtes geworden, das aber wieder vollkommen natürlich aussieht. Wie dieser Berg. Nein, nicht wie dieser Berg, in dem liege schon ich begraben. Suchen Sie sich einen andern! Mir gibt man nichts für mich, und wenn, dann gibt man es nicht mir. Dann gibt man es den Leuten, die mit meinem Körper auch etwas Ordentliches werden anfangen können. Denn diese Naso-Labialfalten stören mich schon sehr, mit denen schaut man so griesgrämig und mißmutig und alt aus. Ich hätte diesem Menschenschlag, ich meine diesen Menschenschlägern, meinen Körper doch nie gegeben, hätte ich nicht gewußt, daß die was Ordentliches mit ihm anfangen werden. Bitte, diese Leute sind sehr nett zu uns gewesen, sie haben uns oft zum Essen eingeladen, sie haben uns oft in einen Lastwagen eingeladen. Also, ich hätte ja von alleine nie gewußt, was ich mit meinem Körper anfangen soll. Sie haben es mir gesagt. Hören Sie zu: Die deutsche Tüchtigkeit ist der Verrechnungswert. Den wissen viele zu schätzen. Und dem kann kein Fremdstämmiger entsprechen, von vornherein, das ist doch klar. Kapiert? Gut. So wie dem Körper dieser Frau kaum ein andrer wird entsprechen können, so kann auch der deutschen Arbeitskraft kaum jemals etwas entsprechen. Und sprechen tut es auch nicht von selbst. Damals war es noch streng verboten, daß ein Körper von sich selbst gesprochen hat. Vielleicht hat er für sich gesprochen, aber nicht von sich. Das wäre unbescheiden gewesen. Und da steht diese Frau in dem schneeweißen, hautengen Top auf und spricht von sich und gleichzeitig für sich, das heißt, sie spricht gar nicht, sie läßt den Körper selber sprechen, und der spricht so laut für sich, daß man andre Körper gar nicht mehr hört. Leider auch meinen nicht, aber da bin ich ohne Neid. Wenn ich diese Frau sehe, so schön kann keine andre sein, allein die Figur, vom Gesicht ganz zu schweigen, und daneben spricht auch längst kein andrer mehr. Was heißt das? Andre sagen auch diesem schönen Körper, was er wert ist? Nein, das kann nicht sein. Er sagt es selbst, aus sich heraus. Meinem muß man erst sagen, was er wert ist, man muß in einer Tabelle nachschauen, man muß zum Vergleich nicht auf meinen Körper schauen, man muß in einer Tabelle nachschauen, und dann muß man mein Gewicht zu meinem Alter addieren und hundert dazugeben, ich meine mein Gewicht von hundert abziehen, ach, ich kapiers nicht. Eben. Als Verrechnungswert für die Entlohnung eines fremden Körpers gilt die deutsche Tüchtigkeit. Franzosen kommen auf 80–90 Prozent davon, Polen auf 65–70 Prozent, Serben auf 60–70 Prozent und Russen leider nur auf 40–50 Prozent. O, das tut mir jetzt aber leid für die Russen. Vielleicht können sie sich ja noch verbessern, unser Spiel ist ja noch nicht in der Endrunde. Da können noch viele Körper sprechen, ja, von mir aus auch für sich, wenn es kein anderer tut. Wo haben wir den Stacheldraht für die Russen und Ukrainer? Ach, da ist er ja. Man soll nicht immer alles mit allem vermischen, das sehe ich ein. Vielen

Dank, daß man mir überhaupt etwas für meinen Körper gibt, er hätte ja tot sein können, oder man hätte ihn in den neuesten kriegerischen Weltmachtkämpfen an die Front schmeißen und dort das Leben der Tiere führen lassen können, wie das so viele Deutsche auch mußten. Wenn die an die Front müssen, dann müssen wir es auch, keine Frage. Wieso sollen wir es besser haben. Hier hab ich meinen Platz, hier, in der Baracke, hier hab ich mein Bett und meinen Berg und mein Wasser, mein schönes Wasser, das ich fassen muß, aber natürlich nicht fassen kann. Das deutsche Wasser ist viel zu groß und zu tief. Wir konnten zueinander nicht kommen. Sogar Deutschland kann zueinander kommen. Aber wir Toten könnens nicht. Wir kommen nicht mehr zu uns. In diesem Leben nicht und im nächsten auch nicht und nicht im übernächsten. Ich gebs auf. In der ganzen Zeit waren wir bis zu 4400 Menschen auf einmal, die hier gebaut haben, macht auch nichts, davon nur rund 3 Prozent Deutsche, natürlich als Ingenieure und Vorarbeiter. Das heißt, unsere gesamte Belegschaft, inklusive mir, weil ich ja schon unter der Erde war, bald, bald nach dem Beginn wars schon wieder zu Ende, also ja, unsere Belegschaft ist etwa alle sechs Monate komplett ausgewechselt worden. Der Belag wurde alle sechs Monate also ausgetauscht, von Wurst zu Käse zu Schinken. Schön wärs gewesen. Leider waren wir nicht so farbig wie die Farbigen. Unsere Möglichkeiten sind begrenzt. Was soll denn das jetzt heißen? Ich meine nur. Für uns ist das Wasser, ist der Berg nur eine weitere Waffe gegen die faustische Zivilisation, eine Waffe wie ein Baumast im Wald, den man fortwirft, den Ast, nicht gleich den ganzen Wald, wenn er seinen Zweck erfüllt hat. Für mich heißt es, daß ich noch ein wenig am Leben bleiben darf, bis man das Leben aus mir herausgezogen hat. Ach was, nein, vergessen, ich bin doch längst weg. Was rede ich da und rede und rede noch, wenn ich doch längst weg bin. Autorin, also wirklich! Lassen Sie mich endlich still sein und seien Sie endlich selber still! Wenn Sie nicht still sein können, kann auch ich es nicht. Wenn Sie wollen, daß ich mich ausziehe, mache ich das auch noch. Es ist egal. Fortwirft? Wie mich, wenn ich meinen Zweck erfüllt habe? Jetzt ist er schon erfüllt, und ich bin fortgeworfen. Schade, ich hätte die Eröffnung noch gern miterlebt. Ich hätte bis dahin vielleicht meine alten Kleider wieder zurückbekommen. Ich war schließlich im Kino, als man mich einfing. Da war ich ganz gut gekleidet. Vorkriegsqualität. Ich war Student. Nach mir haben welche für eine Schnürlsamthose und eine Lederjacke gearbeitet. Wenn sie die verdient hatten, haben sie wieder aufgehört mit dem Arbeiten. Ich habe noch für mein Leben gearbeitet, wenn auch nicht für mein Leben gern. Das waren noch Zeiten! Der Herr Landeshauptmann erscheint heute und eröffnet mich, zusammen mit dem ganzen Staat, der steht gleich hinter ihm, ich meine beinahe, daß er auch den Staat Österreich gleichzeitig eröffnet, vielen Dank, das wäre doch nicht nötig gewesen! Sie müssen mir nicht danken, daß ich dieses Tauernwerk gemacht habe. Richtig, Sie tun es auch nicht! Sie haben ganz recht, daß Sie Österreich zu danken haben. Dieses Projekt war zu groß für Menschen, es war groß genug für ein ganzes Land! Österreich ist frei! Wir sind weg, und Österreich ist frei. Was, der trampelt direkt auf meinem Grab herum? Na, mir tut das nicht mehr weh. Er müßte mich überhaupt nicht eröffnen, denn über mir, unter mir, links, rechts von mir ist Erde, und es ist niemandem zuzumuten, mich heute noch anzuschauen, aber er tut es trotzdem. Er eröffnet mich mit dem Tauernwerk mit. Er eröffnet das Tauernwerk, das sich selbst gemacht hat, wie wir wissen, denn wir zählen ja nicht. Und wer zählt uns. Niemand. Österreich ist frei zu tun, was es will. Österreich will ja, und es kann jetzt auch. Es kann natürlich auch anders. Andre wollen, aber sie können nicht. Österreich will Fußball spielen und Schifahren und kann es auch, zumindest das eine, ich sage nicht, welches von beiden! Österreich. Es ist durch Aufbauarbeit entstanden, aber trotzdem durch sich selbst. Haben sie es von Achill gelernt, wie man ein Kraftwerk in den Alpen baut? Haben sie es von Apoll gelernt, wie man ein Kraftwerk in den Alpen baut? Lieber ein kurzes Leben voll Taten und Ruhm als ein langes ohne Inhalt? Gut, das kann ich mir gern zu eigen machen. Wir Männer von Kaprun, wir haben ein Ziel bekommen, das ist mehr, als die meisten haben, auch wenn wir es geschenkt bekommen haben. Der dort, der Kollege, schauen Sie, der ist ein aus dem Wirtshaus heraus Geplünderter, er wurde seinem bescheidenen Mittagessen entnommen, das Gesicht seines Mädchens, das dabei war, war schrecklich verzerrt, bevor es aus unsrem Gesichtskreis verschwand. Dieses Mädchen hätte nicht gezögert, alles für ihn zu sein, das heißt: zu tun. Jetzt wird es dazu keine Gelegenheit mehr haben. Die hat schon längst einen andren geheiratet. Wir übrigen, wir haben einen abgelegenen Friedhof, fürchten das Gespräch mit den einheimischen Toten, die dort aber zum Glück nicht abliegen müssen. Die haben ihren eigenen Dorffriedhof, natürlich mitten im Ort, wo alle die Toten sehen können. Das gehört sich auch so. Wir haben einen verschwiegenen Totenacker, immerhin, den haben wir sicher, und dort reden nicht einmal die Toten mehr. Sie verstehen einander nicht. Wer zählt die Länder, nennt die Sprachen, ich meine die Namen, wo alle sie zusammenkamen oder so ähnlich? Zumindest redet niemand mit uns. Uns hätte man zuallererst fragen müssen, wo wir liegen wollen. Reden wir nicht mehr darüber! Ich frage keine Blume, ich frage keinen Stern, sie können mir alle nicht sagen, was ich erführ so gern. Keiner mir sagen. Ich bin ja auch kein Gärtner, die Sterne stehn zu hoch, mein Bächlein will ich fragen, ob mich mein Herz belog. Am Wasser ist aber doch jeder fremd, weil das Wasser gegen jeden Eindringling so zusammenhält. Also schau dir dieses Wasser an! Einen solchen Zusammenhalt, aber immer nur mit sich, wirst du nie wieder finden! Was sagt uns das Wasser? Nichts sagt uns das Wasser. Mein Bächlein will ich fragen, was ich erführ so gern. Dieses Wasser sagt mir gar nichts. Ich muß hier für das Wasser und im Wasser schuften, es steht mir bis zum Bauch, macht nichts, nur im Leid wird man schließlich wieder Individuum, aber so weit kommen wir auch wieder nicht. Wir kommen ins Spital, mit zerfetzten Gliedern, aber weiter kommen wir nicht. Wegen Nebelhaftigkeit werden wir ausgeschieden. Aus und Schluß. Reden wir nicht mehr darüber. Unter uns gesagt: So interessant war es auch wieder nicht, daß wir lange darüber hätten reden können, oder? Na sehen Sie. Der Gesprächsstoff ist begrenzt, und derzeit ist er überhaupt nicht zu Hause. Er ist ausgegangen. Eben. Schauen Sie lieber auf die Wegelinien, die sich hier kreuzen, wir haben sie gekreuzt, und dafür haben wir ein Kreuzerl auf unsre Gräber gekriegt, das ist doch schon was, oder? Ich kenn mich hier aus wie ein Einheimischer. Damit will ich das Problem des Käfertalwasserfalles nicht bagatellisieren. Im Gegenteil. Selten hat mich ein Wasserzauber so berückt wie dieser. Sein Verlust ist der innerlich schwierigste Punkt dieses Programms. Ich glaube schon, daß ein Ingenieur sehr leiden muß, wenn er einen ganzen Wasserfall ausradieren soll, aber immerhin kann er es. Ich könnte das nie. Vielleicht sind die Reserven der übrigen Fälle stark genug, um den Verlust dieses Wasserfalls zu vermeiden. Darüber denken wir jetzt alle nach, aber nur der Ingenieur kann das auch machen. Das ist der Unterschied. Der verschmerzt alle Opfer. Er gehört auch nicht zu einer von Unterdrückung bedrohten Menschenmasse, genannt Proletariat. Er ist natürlich freier in seinen Unterscheidungen. Er kann Verluste verschmerzen. Mein Verlust wird am leichtesten von allen zu verschmerzen sein. Das ist inzwischen sogar schon bewiesen. Ich bin verlorengegangen, und der Schmerz von jedem hat sich aber schon sehr in Grenzen gehalten! Er hat sich in den Grenzen dieses Landes gehalten. Die sind eh schon sehr eng. Er ist nicht über die Grenzen dieses Bundeslandes hinausgedrungen, mein Verlust. Was sagen Sie? Sie haben noch nie von meinem Verlust gehört, ich meine davon, daß ich verlorengegangen bin bei diesem Bau? Oje, das tut mir leid. Da habe ich mir wieder einmal Illusionen gemacht. Ich fürchte, mein Verlust wird am schwersten für mich selbst sein. Ich werde mich selber verschmerzen müssen. Ich hatte gedacht, Sie hätten davon gehört, daß ich zu den Verlusten dieses Kraftwerks gehöre. Nicht? Wer hat denn dann von mir gehört? Keiner? Bitte melden, noch haben Sie die Chance! Wer hat von meinem Verlust gehört? Sie können auch anrufen, und da habe ich schon einen in der Leitung? Haben Sie von meinem Verlust gehört? Dann bekommen Sie diesen goldenen Philharmoniker-Taler geschenkt. Was, Sie haben, obwohl Sie diesen Taler gern geschenkt bekommen würden, niemals irgend etwas von meinem Verlust gehört? Da kann man nichts machen. Dann warten wir auf den nächsten Anruf, der kommt. Denn mehr als ein Anruf wird nicht mehr kommen, fürchte ich, und das wird diesmal kein barscher Anruf sein, wie fein. Es wird niemand fragen, wer da. Es wird niemand wissen, wer da. Es wird gefragt werden, mit wem spreche ich bitte schön. Und ich höre so gern der Stimme des Telefons zu, vor allem, wenn von mir die Rede ist, na, ruf schon an! Ruf an, du Trottel! Nicht? Du rufst nicht an? Heute nicht mehr und morgen auch nicht? Ich fürchte wirklich, daß dieser Anruf nicht mehr kommen wird. Schade. Andere werden kommen, immer neue, der aber nicht. Na, dann eben nicht. Dann kommt er eben nicht. Erzwingen kann man es nicht, daß er kommt, erzwingen kann man gar nichts. Wenn er nicht freiwillig kommt, der Anruf, dann behalten wir für heute unsren goldenen Philharmoniker, dann werden das nächste Mal, schon morgen, beim Telegame eben zwei Philharmoniker verteilt werden. Es ist uns ja der eine von diesem Mal übriggeblieben. Und derweil bezaubern wir unser Publikum mit unseren Erinnerungen, die alle noch einmal im Fernsehen gezeigt werden, wo sie schon einmal waren, damit wir nicht vergessen, uns zu erinnern, wann wir sie zum ersten Mal gesehen haben. Damit wir auch nicht vergessen, daß nur wahr ist, was uns, in unsrer Gestalt, gezeigt worden ist. Mich hat man zu Fußwerken eines Berges im Gebüsch gefunden. Aber deswegen greift niemand zum Telefon. Der Fluß. Der Berg. Das Universum. Das alles zeigen wir und stellen dann am Telefon eine einfache Frage. Meinetwegen. Und wieder keine Antwort. Und wieder nichts gewonnen. Das tut mir aber jetzt leid für Sie! Diesmal hätte es bestimmt geklappt, wenn Sie gewußt hätten, was.

Epilog

Auf der Dammkrone erscheinen die Mütter und sagen ebenfalls, was sie zu sagen haben. Aber niemand hört ihnen zu. Es ist, als ob sie die Wahrheit mitsamt ihrem völlig unbegründeten Wesen, und dieses hätte nun wirklich Zeit gehabt, sich zu begründen, vorstellen wollten. Aber die Wahrheit hat keine Manieren und benimmt sich vollkommen blöd hier heroben, wo sie sich eh nicht auskennt. Außerdem hat sie die falschen Schuhe an, und alles bangt jetzt, ob das Denken dieser Frauen auf der Dammkrone in dieser bildlosen Dichtung, oder was das ist, nicht einen furchtbaren Schaden anrichten wird, wenn die da so stehen und in die Ferne schauen, die Mütter, ob sie ihre längst verstorbenen Söhne, und sie selber sind ja auch tot, ob sie die noch irgendwo sehen, aber nein, das Wasser fällt weiter runter und noch weiter, es macht den Strom, der Strom macht die Musik, falls Sie eine gute Stereoanlage haben, nein, das Wasser macht auch den andren Strom und den dort auch, und es macht überhaupt den ganzen Strom, aber woanders, würde mal sagen an der Donau und der Drau, die sich was draut, hihi, nein, jedenfalls: Dräuen tut sie nicht. Hier jedenfalls macht das fallende Wasser den Strom, im Fluß macht das laufende Wasser den Strom, und es kann auch passieren, daß die Schuhe deswegen die falschen sind, nicht weil man alles mit ihnen zertrampelt, sondern weil man mit ihnen ausrutscht und runterfällt vom Damm, der nie irgendwas eingedämmt hat, das kann er ja gar nicht, dieses Kommen der Mütter also, die alle nicht mehr dazu gekommen sind, ihre Söhne zu ficken, es kommt nicht aus der Zukunft und nicht aus der Vergangenheit, sondern: es macht die Vergangenheit und die Zukunft, was hat dieses Kommen denn da wieder angerichtet, es ist nicht zu glauben, da kommen sie und wollen nach so langer Zeit, die wir noch mühsam weiter in die Länge gezogen haben, ein Geld von uns! Aber wie sagt der Denker? Es ist zwischen den Anfängen. Das Kommen ist zwischen den Anfängen. Da sitzt der Denker, selber ein Anfänger, also zwischen den Stühlen. Das ist mir so was von egal. Aber es hat immerhin lang gedauert, bis es mir egal war. Schließlich hab ich den Anfang verpaßt, das Ende ist mir wurscht, und das Dazwischen ist auch nicht sehr lustig, fürchte ich.

Die Mütter (*immer schön eine nach der anderen, es kommen alle dran, nur nicht drängeln!*): Wie lieg ich rücklings hingestreckt auf diesem steinharten Lager! O weh, mein Kopf, und meine Schläfen tun mir auch weh und mein Arsch erst! Gern würd ich mich rumwälzen auf den Rücken, aber irgendwie ist da zuwenig Platz dafür, über mir Beton, unter mir Beton, überall Stahl, Glas und Beton, auf diesem Damm, in diesem Wolkenkratzer, unter dieser Brücke, an so was haben die natürlich beim Bauen nicht gedacht, oje, jetzt hab ich auch noch die Maße verloren, na, meine eigenen sind schließlich auch etwas aus dem Leim gegangen im Lauf der Jahre. Jetzt begleit ich meine endlosen Klagelieder um meinen Sohn, den sie mir da geklaut haben, auf keinem Instrument, ich singe selber, jawohl. Dies ist Musik für die Unglücklichen, die ihr Unheil hinausschreien und keine Tänze zulassen wollen. Was, jetzt soll niemand mehr hier einen Walzer tanzen dürfen? Wieso denn nicht? Also, das geht denn doch zu weit. Genau. Ich schau runter auf den Stausee, eine schöne Aussicht, auf der andren Seite schau ich direkt auf den Trümmerhaufen, Tausende Tonnen Trümmer, aber da kommen keine Schnäbel von Schiffen, die mir mit schnellen Rudern oder hellen Motoren meinen Sohn wieder zurückbringen.

Als Sklavin hat man mich nicht fortgeschleppt, aber ihn haben sie genommen, als wär das ein Klacks, so einen schönen Sohn zu machen. Die haben ja wirklich keine Ahnung, diese Deppen. Einmal war das letzte Mal, daß ich ihn gesehen hab, aber ich habe es nicht gewußt, er hat sich von mir verabschiedet, weil er noch seine Freundin treffen wollte und mit ihr ins Kaffeehaus. Inzwischen muß die SS angerufen haben, wir brauchen wieder soundso viel Leute, und zwar freiwillig und dalli dalli. Er sollte noch für mich einkaufen, und da hat wieder eine Menschenjagd stattgefunden. Man hat die Straßenbahn aufgehalten, in der er zu seinem Rendezvous gefahren war, hat alle eingefangen, die noch allein gehen konnten, und hat sie in den Berg oder sonstwohin geschickt. Bitte entschuldigen Sie die Schilderung, bitte beschildern Sie Ihre Schulden, damit wir wissen, wieviel es ist, bitte verschwenden Sie keinen Gedanken, Sie haben keinen zu verschwenden, glauben Sie mir, ich hätte ja selber ein Schild verwendet und Ihnen über den Schädel gehauen oder was draufgeschrieben, damit Sie es verstehen, aber ich find grade keins, jetzt muß ich es halt selber sagen. Und jetzt soll ausgerechnet ich eine Sängerin von so argen Taten sein? Nein, das kann ich nicht. Ist mir nicht zuzumuten, ich bin ja auch längst tot. Was glauben die, daß ich in diesem Zustand noch singen kann? Da tret ich lieber von der Mauer weg, bevor die Leute Steine nach mir schmeißen, oder sich selber! Die hupfen doch glatt aus den Fenstern! Jetzt sollen sie zahlen, keine Ahnung, wieviel und wer das jetzt bekommt, mein Sohn hatte naturgemäß keine Kinder, er war 16, er war 32, er war 56, egal, aber die schmeißen sicher gleich, weil wir jetzt ein Geld kriegen sollen. Die Leute hier sagen, das ist die einzige Nummer in diesem Programm, die sie schon kennen, angeblich sollen sie immer nur zahlen und zahlen, weil wir so gierig sind. Die langweilen sich hier schon unsretwegen. Na, ich tret jedenfalls etwas zurück, ist besser so für alle Beteiligten.

Ja, laß mich ran, geh so schnell du kannst! Ist besser so. Ist sicherer hier hinten. Die Leute wollen nicht zahlen, die haben einen Haß auf uns, kannst du dir ja vorstellen wieso. Hübscher bist du inzwischen nicht geworden, das kann ich sehen. Kommt wahrscheinlich auch vom Tod. Wir werden alle nicht besser durch den Tod. Aber gäbs einen Panoramablick auf ihn, so wies früher aus dem Restaurant hier einen gegeben hat, würden die Leute sogar ihn anschauen gehn. Geh so schnell du kannst, sag ich doch! Unter der Erde kannst du dich dann mit deinem zweiten Mann verheiraten, den du auch noch verloren hast, soviel ich weiß. Wie kann man nur so zerstreut sein, daß man sich seine ganzen Angehörigen zerstreuen läßt! Ist das wirklich wahr, daß wir alle tot sind? Auch die Töchter, die nun wirklich nicht viel zählen? Ja, das stimmt. Danke für die Info. Und gratis ist die auch noch. Und elend bist du, Elende, selbst bestattet worden, übrigens genau wie ich, was für ein Zufall! Nachts und nicht bei Tageslicht. Aber ich bin überhaupt nicht bestattet worden, ich bin total und restlos verbrannt. Die Helfer haben mich eingeatmet, stellen Sie sich das vor! Die haben mich beinahe komplett eingeatmet. Ja, ich war hier Kellnerin, aber daß ich eingeatmet werde, das stand nicht auf der Speisekarte. Keine Ahnung, was aus meinem Sohn geworden ist. Nicht einmal in der Ewigkeit gibts irgendwelche Nachrichten. Keine Zeitungen, aus denen man ja sonst alles erfährt, oder aus dem Fernsehn. Nur dem Anschein nach waren die Große, diese Führer. Das Reich. Ihre nackten Leichen, oder was davon übrig war, hat man inzwischen auch weggeschmissen. Den Obermotz haben sie mitsamt seiner Tussi verbrannt, das ist ja gar nichts, was die mitgemacht haben, ich meine durchgemacht. Mein Sohn. Schluchten, von Sturzbächen durchtost, haben ihn, der kein Bräutigam mehr war, wilden Tieren zum Fraß gegeben. Keine Ahnung, ob das stimmt. Klingt aber gut, oder? Bei einer Sängerin kommt es immer drauf an, wie es klingt.

Wer sagt, leb wohl, Mutter, weine nicht? Keiner sagt, leb wohl, Mutter, weine nicht. Auch gut. O liebe Heimat, ihr Brüder unter der Erde, und du Vater, der uns gezeugt, wo bist du denn? Ach ja, du bist ja auch längst weg, entschuldige, das hab ich vergessen! Du hast mich noch angerufen, aber ich war nicht zu Hause, ich war im Fitneßclub. Also begrüßt mich, egal wer! Begrüßt mich. Was, keiner begrüßt mich? Bin hier nicht erwünscht? Sie sagen, Sie sollen was zahlen, das genügt? Begrüßen tun Sie mich hier nicht? Auch gut. Ich werde siegreich zu den Toten kommen und bin zu ihnen gekommen, denn die Zeit ist aus und kann daher vorher wie rückwärts ablaufen. Das Haus Deutschland und das Haus Österreich und die andren Häuser Nord und Süd, diese zwei, drei, vier schönen Häuser, da kann man nichts sagen, immer sauber, immer rein, und die schönen Blumenkästen vor den Fenstern erst! Und diese Aussicht! Dies ist das schönste Dorf Österreichs im Blumenschmuck, also diese Häuser haben uns vernichtet, da ist keiner mehr aufgestanden. Diese anderen

Häuser wurden vernichtet, jedenfalls sind sie alle weg. Wer würde das heute glauben, wenn man sie so liegen sieht? Die Leute sagen hier, das ist nur gerecht, weil sie ja selber jeden Tag in der Früh aufstehen müssen, angenehm kann das nicht sein. Ich hab das hinter mir. Diese Häuser haben es auch hinter sich. Bitte um Entschuldigung, daß ich gefragt hab. Bitte um Entschuldigung, wenn ich respektlos bin. Ich nehm das nächste Mal lieber den Stadtplan, wenn ich was wissen will. Zum Beispiel, wohin der Rauch weht. Dann muß ich eben in die andre Richtung. Entschuldigung, ich muß jetzt rennen. Die Hunde sind zu Haus eingesperrt.

O Kinder, eure Mutter bleibt eurer beraubt in der verwaisten Stadt zurück. Nein, Kinder, eure Mutter bleibt eurer beraubt nicht in der verwaisten Stadt zurück, denn die Stadt gibts ja nicht mehr. Das heißt, die Stadt gibt es schon noch, sie heißt auch noch so, nein, sie heißt jetzt anders, egal, aber von der Stadt hier ist kein Haus mehr original. Bitte, diese Stadt steht noch, minus zwei Häuser, aber die anderen stehen nicht mehr. So was kann man z. B. im Museum gar nicht zeigen. Es ist kein Original. Diese Stadt ist eine Kopie. Das haben sie alles nachher wieder aufbauen müssen, jetzt ist es eine Spielzeugstadt geworden. Ist aber doch ganz schön geworden, was? Einen Satz bekommt sie hier, mehr nicht, einen Satz Bausteine, meinetwegen. Kann man jedenfalls wieder herzeigen. Kann man sich wieder anschauen. Welch ein Wehgeschrei, welche Trauer, oje, das ist wirklich traurig. Die ist weg wie Troja, da gibts nichts. Das tut uns jetzt sehr leid für diese Stadt, aber sie ist weg. Ihre Möbel sind teilweise auch weg. Was sollen wir da machen. Sie ist weg. Da bauen wir lieber woanders einen Damm. Ist das nicht fein? Wenn wir diese Stadt schon kaputtgemacht haben, können wir doch auch aufbauen. Wir wollen der Welt beweisen, daß wir auch aufbauen, nicht nur zerstören können. Und da bauen wir jetzt diesen tollen, superguten, riesigen, sehr riesigen Staudamm und erzeugen den Strom. Wir sind seine Herren. Wir sind Herren. Das sagen sie. Sie sagen, sie haben eine Aufbauleistung erbracht, und jetzt sollen wir gefälligst auch eine bringen, wenn sie schon für uns zahlen sollen. Welch eine Trauer und Tränen auf Tränen wurden vergossen, aber nicht von Ihnen, nicht von Ihnen! Warum hätten Sie denn weinen sollen? Wegen Ihnen? Wegen uns? Ihretwegen? Na also.

Der Tote wenigstens vergißt seine Schmerzen. Hoffe ich zumindest, was meinen Sohn betrifft. Na, hoffentlich hat er sie vergessen, die erfrorenen Zehen. Die Betonspinne, die keine Lust mehr hatte, länger an der Laufkatze zu rennen, und direkt auf ihn zugerannt ist. Schulter hin. Hat man mir noch sagen können. Aber ob Sie zahlen oder nicht. Wer tot ist, ist tot. Und manchmal haben die Toten ein schöneres Schicksal als die, die

leben müssen. Keine Ahnung. Bin ja jetzt selber tot.
Diese Frau hat eine ganze Weile noch ihre verbrannte
Haut hinter sich hergeschleift, bevor sie umgefallen ist.
Der Blick vollkommen starr, als sähe sie in eine andre
Welt, wo die Menschen gar keine Haut mehr brauchen.
Ganz verschieden sind das Leben und der Tod, Kind,
denn der eine ist das Nichts, das andere kann hoffen.
Ich hab einen Sohn geboren, aber einen besseren Gedanken habe ich deswegen noch lang nicht geboren.
Und wenn, dann ist er leider absolut nicht vorzeigbar.
Hör mir doch zu!

Das Nichtsein ist gleich dem Totsein, meine ich, Totsein aber ist besser als ein qualvolles Leben. Was sag
ich da. Wer hat denn hier ein qualvolles Leben? Sie bieten keinen Anlaß für Racheakte, ihr Lieben, die so gut
zu uns seid und ein Geld uns zahlen! Bitte seien Sie so
gut! Ein Geld für uns und an uns zu zahlen! Die Zahlen
sind hier aufgeschrieben, bitte sehr. Und heute haben
wir wieder ein paar verdächtige Konten gesperrt. Nach
den Leiden des Lebens fühlt der Tote keinen Schmerz,
der Glückliche aber, der ins Unglück stürzt, vermißt in
seiner Seele das verschwundene Glück. Jeden Tag. Die
Toten aber, gleich wie wenn sie nie das Licht gesehen
hätten, das aus der Steckdose kommt, das Licht, das
Licht, das Licht, ja, der Tote aber ist tot und weiß von
seinem Leiden nichts. Kapiert?

Also, lieber Sohn, ich stelle mich hier für Unterrichtszwecke Schülerinnen und Schülern zur Verfügung, aber nicht dir, du kannst mich nicht mehr hören, und ich kann nicht mehr sprechen, bin selber tot, bin selber tot. Aber was sage ich da von irgendwelchen Grausamkeiten? Entschuldigen Sie bitte! Ich wollte eigentlich was ganz andres sagen. So schleppt halt eure Steine, wenn ihr müßt, schleppt sie fort, schleudert sie nicht hinab, sondern legt sie ordentlich hin, es soll ja ein Damm werden, man wird euch schon sagen, was ihr machen sollt und wo ihr sie hinlegen sollt. Und hier fahrt ihr mit schwerem Räumgerät hinein und räumt alles ordentlich weg, bitte, ja. Ich kann nicht immer hinter euch herräumen, ihr seid alt genug, das selber zu erledigen. Macht das bitte ordentlich! Aber von mir aus schleudert sie auch hinab, die ganzen Steine, wenn sie hinabzuschleudern euch gefällt! Tut euch gütlich an eurem eigenen Fleisch, ein andres werdet ihr hier nicht kriegen. Denn die wollen unser Verderben und wollen es immer noch, und von meinem Sohn konnte ich den Tod nicht abwenden und von mir auch nicht, von keinem. Keiner kann das. Verhüllt meinen armen Körper und legt mich irgendwohin, wo man mich nicht gleich sieht, wenn man sich zum Picknick im Central Park oder im Naturpark Hohe Tauern niedersetzt. Ich bin für morgen zur Hochzeit meiner Nichte eingeladen, aber ich gehe nicht hin, ich gehe da eigens nicht hin, aus Trotz, weil ich doch meinen eigenen Sohn verloren hab.

Also, Mädels, was machen wir jetzt? Wir werden was mit Erde basteln, sobald die Toten zurechtgemacht sind, wer soll das übrigens machen, so wie ich die Leute und die Welt hier kenne, wird das wieder keiner gewesen sein und keiner machen wollen, also, sobald die Toten geschmückt worden sind, haha, kann ich da nur sagen, sobald die also fertig sind, wer soll dann Erde auf sie streuen? Also ich sehe hier nur Steine und Beton. Man kann sie aber natürlich auch einbetonieren, die Toten. Warum nicht? Deckel drauf und aus. Man sollte die Toten eigentlich baden und ihre Wunden auswaschen, aber wer soll denn das machen? Man soll gehen und ein Grab schaufeln, und dann soll man sie in die Pfanne hauen, die Toten, das sollte unser Werk sein, meins und deins, und dazu sollten wir uns an einem Ort treffen, den wir uns vorher ausgemacht haben. Aber diesen Ort hier haben sich andre ausgemacht. Wir wären auf so einen großen Ort gar nicht gekommen. Wir wären höchstens auf einen Friedhof gekommen. Daß unsere Söhne an einem so großen Ort begraben würden, das hätten wir uns ja nie gedacht. Also, das ist wirklich sehr großzügig von Ihnen. Danke vielmals. Leider ist nichts mehr übrig, das wir begraben könnten, aber danke vielmals für Ihren guten Willen.

Daß du einmal einen andern Ort gesehn hast, Kind, vergessen hast dus längst. Ärmster, wie erbärmlich haben die Mauern hier sich aufgetürmt, dir vom Kopf die

Locken geschoren, die deine Mutter so oft kämmte und zärtlich küßte! Vom zersplitterten Schädel rinnt schimmernd Blut – doch wie schlimms ist, will ich verschweigen! O Hände, wie rührend gleicht ihr doch der Vaterhand, aber wie verdreht in den Gelenken liegt ihr vor mir! O lieber Mund, der oft so große Worte ausgestoßen hat, du schweigst. Belogen hast du mich, als du dich auf mein Bett warfst und verkündigtest: Großmutter, ich werd für dich bestimmt viele, viele meiner Locken abscheren, zu deinem Grab den Haufen meiner Kameraden führen und dir lieben Gruß entbieten. Nicht du mich, sondern ich alte, der Heimat und der Kinder beraubte Frau, werde deinen jüngeren, armseligen Leib begraben. Ach, die ganze Pflege umsonst umsonst umsonst. Und aus.

Und aus. Mit bitteren Klagen wird die Erde dich, o Kind, empfangen. Söhne, Mutter ... Oje. Ja, oje, besser könnte auch ich es nicht sagen. Oje. Unerträglich sind diese Leiden. Mit Binden kann man diese Wunden nicht heilen, ich armselige Ärztin, den Namen trag ich zwar, doch bewirken kann ich nichts. Nichts. Unter den Toten wird keiner für mich sorgen. Das steht fest. Sonst steht nichts fest, nur dieser Damm. Der Damm ist noch da. Sag mir doch, liebes Licht, wo ist der Parkplatz? Jetzt hab ich doch glatt vergessen, wo ich das Auto abgestellt habe. Auch weg? Die Tiefgarage auch weg? Das neue Auto weg? Aber es stehn ja überall

Weiser auf den Stegen, weisen auf die Städte zu, Weisere als ich. Die Türme fallen, sie fallen immer wieder, in Zeitlupe fallen sie. Andre fallen allein, diese Türme fallen zu zwein. Jaja, schon gut. Ich glaubs ja. Ich glaub ja alles, was man mir sagt, egal, was.

Nachbemerkung

Die Trilogie »In den Alpen«, »Der Tod und das Mädchen III« und »Das Werk« handelt von Katastrophen und dem Gegenteil von Katastrophen, dem Bau, dem Aufbau. »In den Alpen« handelt von einem der schlimmsten (wenn nicht dem schlimmsten) Unfall der österreichischen Nachkriegszeit. In einer Gletscherbahn bricht aufgrund von Indolenz und Unfähigkeit und Gier nach Profitmaximierung im Fremdenverkehr (nachträglicher Umbau der Bahn in ein »schnittigeres« Gefährt, dem modernen Tourismus entsprechend, aus leicht brennbarem und Gifte erzeugendem Plexiglas, Einbau eines billigen Heizlüfters, nachträgliche Isolierung mit Nadelholzbrettern etc.) ein Brand aus. Es ersticken und verbrennen innerhalb kürzester Zeit 155 Menschen, die zum Schifahren aufs Kitzsteinhorn und zu dessen »ewigem« Gletscherfirn aufgebrochen waren. Der Text arbeitet mit Zitaten aus Originaltexten des frühen Alpinismus, einer Aufbruchsphase, in der die Alpen noch nicht als Sportgerät für die Massen, sondern als Naturereignis wahrgenommen, eigentlich mehr: vergötzt, sozusagen aristokratisiert, geadelt wurden, als wahrer Besitz weniger, als elitäres Erlebnis, das den Massen (aber auch gewissen Minderheiten) verschlossen bleiben muß. Diese Einschübe, die ich, wie Brennstäbe, in den Text-Reaktor, der da vor sich hin kocht, einführe, manifestieren einen Ausschluß: Am Ursprung der Erschließung der Alpen, die heute eben bis zum Einschluß einer riesigen Öffentlichkeit in Form einer Bergarena für Sport und Kulturindustrie reicht, wo z. B. Hannibals Überquerung der Alpen nachgestellt wird, steht zwar kein individueller Besitzanspruch, wohl aber der kollektive Ausschluß der Anwesenheit anderer. Mit Ausnahme des zahlenden Gastes und des schuftenden Saisonniers selbstverständlich.

Den einen gehört das Gebirge, die anderen sind und bleiben ausgeschlossen, vor allem sind diese anderen: die Juden. Die Geschichte des Alpinismus seit dessen Beginn ist eine Geschichte auch des Antisemitismus. Juden wurden aus allen Sektionen des Alpenvereins und der Wandervogelbewegung schon sehr früh, Anfang der zwanziger Jahre, ausgeschlossen und mußten ihre eigene Sektion (»Donauland«) gründen. Die »reinen« Berge dürfen von den ewigen »Bewohnern der Ebene«, die weder für das Reine noch für die Herausforderung des Hehren, Hohen gerüstet sind, niemals angetastet (soll heißen: beschmutzt) werden. Diesen ewigen Ausschluß habe ich durch Einschübe aus einem der wahrscheinlich berühmtesten deutschsprachigen Prosatexte der Nachkriegsliteratur, Paul Celans (danke für Abdruckerlaubnis, Suhrkamp Verlag!) »Gespräch im Gebirg«, zu fassen versucht. Da spricht einer, der nicht dazugehört und nicht dazugehören darf, der sozusagen auf einer anderen Schiene fährt, welche die der Gletscherbahn nie berühren sollte, und auf die deren Insassen nur dort stoßen, wo sie im Tunnel ihre eigene Lebensbahn verlassen müssen.

Der Tunnel der Bahn verbirgt für eine kurze Zeit, so könnte man sagen, das Gestell (es ist am Ende ja im eigentlichen Sinn des Wortes nur mehr das Gestell, ein wüst verbogenes, vom Brand skelettiertes Gestell einer Bahn übrig) mitsamt alldem, was als das Unverborgenste vorgesehen ist: lustige Leute in bunten Kostümen und mit Sportgeräten, Leute, die Spaß haben und im wahrsten Sinn des Wortes »sich zeigen« wollen, aber auch die Natur selbst ist ja eine Art Sport-Gestell, ein Turngerät, das sich zur Benützung präsentiert. In diesem Tunnel sind die Menschen, die sich nicht mehr retten konnten, zu einem einzigen Klumpen zusammengeschmolzen. Sie haben ihre Ansprüche an die Natur gestellt und sich über sie und in sie hineingesetzt, sie sind, eng aneinandergedrängt, im Leben wie im Tod sich selbst begegnet, beinahe identisch in Kunststoff gekleidet, um sich der Herausforderung des Sports im Gebirg zu stellen, und sie sind ausgelöscht worden.

Vor der Tür zur Unterwelt oder dem Jenseits oder wie man es nennen will, tritt ihnen einer entgegen, der zur Auslöschung vorgesehen war und für die Ausgelöschten spricht, als einer, der nie einer wie die anderen sein durfte. Er darf ja nicht einmal einer wie jeder sein. Er muß wie alle seine Schicksalsgefährten sein. Er hat seinen Anspruch sogar auf Individualität verwirkt, indem er immer nur unter den Opfern sein muß. Ein Gefährdeter, der nie etwas anderes als gefährdet war und das auch weiß. Er kennt den Weg ins Nichts und kann ihn den anderen zeigen. Je mehr die Menschen im Sport oder in der Aneignung von allem und jedem sich ihrer selbst versichern wollen, umso mehr sind sie selber verfallen. Je mehr alles gesichert werden soll (aber gerade bei den Sicherheitsvorkehrungen haben die Betreiber der Bahn offenkundig ja völlig versagt), um den eigenen Bestand und die Profite des Fremdenverkehrs zu sichern (daß Juden nur am Profit interessiert seien, ist eines der konstantesten Stereotypen des Antisemitismus), umso weniger kommt die Wahrheit zum Vorschein, die uns ja eigentlich das Wichtigste sein sollte. Aber hier wird eben: verborgen. Indem man es zeigt, scheinbar allen und jedem zeigt, was wir sind und haben, wird umso verborgener, was wir getan haben und tun.

»Der Tod und das Mädchen III« ist der dritte und letzte Teil meiner »Prinzessinnendramen« (Schneewittchen, Dornröschen und hier: Rosamunde von Zypern), eine Art Paraphrase auf den Text zu »Rosamunde« (Originaltext: Helmina von Chézy), zu dem Franz Schubert die Zwischenmusiken und Chöre geschrieben hat. In diesem Dramolett, das auch Fetzen aus dem Originaltext enthält, versuche ich, meine Existenz als Schriftstellerin irgendwie zu fassen. Eine Prinzessin, die fern in der

Einöde lebt, sich daher leicht über alles erheben kann, alles beurteilen kann, sich in Grandiositätsphantasien ergeht in ihrem eigenen Schreiben, das sie jeder Beurteilung zu entziehen sucht, denn jede Beurteilung ist eine narzißtische Kränkung, und die dann doch irgendwie überlebt.

»Das Werk«: In Kaprun steht auch eins der größten Speicherkraftwerke der Welt, eine fast beispiellose Herausforderung der Natur an die Technik, sich über sie zu setzen, die Wasser in drei gigantischen Stauseen zu fassen und in die Turbinen zu werfen, damit das »Land am Strome« (Bundeshymne) mit Strom versorgt werden kann. Die Herausforderung des Gebirges, es zu melken, um Maschinen anzutreiben und die Technik voranzubringen.
Schon in den zwanziger Jahren wurde mit dem Bau begonnen, in der Nazizeit wurde (Spatenstich: Hermann Göring) intensiv weitergebaut, zuerst mit Freiwilligen, dann mit Zwangsarbeitern und schließlich auch mit Kriegsgefangenen, vor allem Russen. Die Zwangsrekrutierten wurden in allen besetzten Gebieten und im Protektorat zusammengefangen (in »Fangaktionen«), zum Teil im Osten buchstäblich aus ihren Alltagsbeschäftigungen herausgerissen oder von ihren Dorfältesten, die eine vorgegebene Quote zu erfüllen hatten, ausgeliefert und zum Bau gezwungen. Unter extremen Bedingungen, wie sie im Gebirge herrschen, mit unzureichender Ernährung und Ausrüstung. Die offizielle

Todeszahl bei diesem Kraftwerksbau ist 160. Das sind aber nur die Toten der Nachkriegszeit, und da waren die Arbeiter, darunter damals auch viele ehemalige Nazis, die nirgendwo sonst Arbeit gefunden hätten, schon besser ausgerüstet. Die Zahl der Toten liegt insgesamt sehr viel höher. Ich habe in diesem Stück, das dem verstorbenen Einar Schleef gewidmet ist, versucht, etwas über »den« Arbeiter zu schreiben. Der Sportler wie der Arbeiter sieht in den Bergen einerseits Herausforderung, andrerseits Arbeitsgerät. Die einen betätigen sich zum Spaß an den Bergen (und können schrecklich scheitern), die anderen vollbringen ein monströs-gigantisches Aufbauwerk. Ein Gutteil der österreichischen Identität nach dem Krieg, als das Land rasch wieder für frei und unschuldig erklärt wurde, beruhte auf dieser technischen Großleistung. Kaprun wurde mit Geldern des Marshall-Plans im Jahr des Staatsvertrags 1955 fertiggestellt und zog einen langen Rattenschwanz an nationalen Mythen hinter sich her, die aber buchstäblich auf den Gebeinen und der Ausbeutung von Getöteten beruhten, und die Getöteten wurden der Natur geopfert, sehr viele starben ja durch Lawinen. Sie starben direkt wie indirekt durch die Natur, während die Gletscherbahntouristen durch die Technik in der Natur starben. Es ist, als wollten sie alle Heidegger illustrieren (»Das Wesen der Technik ist als ein Geschick des Entbergens die Gefahr« und: »Die Bedrohung des Menschen kommt nicht erst von den möglicherweise tödlich wirkenden Maschinen und Apparaturen der Technik.

Die eigentliche Bedrohung hat den Menschen bereits in seinem Wesen angegangen«). Wie auch immer, die Menschen können in das, was vielleicht ursprünglich für sie vorgesehen und wofür sie vorgesehen waren, nicht mehr zurück. Sie wollen sich und ihre schönen Werke zeigen und werden dabei zunichte gemacht. Die Arbeiter im Stück »Das Werk« treten zum Teil schon in parodistischer, allegorisierender Form auf, als Hänsel und Tretel, als Geißenpeters und Heidis, als Heer der Bäume, als Schneeflöckchen und Weißröckchen (die Besessenheit vom Unschuldigen, Reinen, »Weißen«, das ja nie lange hält, wie jede Hausfrau weiß. Das sind Projektionen, die aber immer noch sehr beliebt sind. Alles will in den Schnee, um dort Spaß zu haben, und was haben die Insassen der Bahn bekommen? Sie wurden selber zu Ruß, verbrannt, bevor sie das Weiße des Gletscherfirns erreichen konnten).

Zusammenfassend könnte man vielleicht sagen, diese drei Stücke seien Stücke über Natur, Technik und Arbeit. Und alle münden sie ins Unrettbare, gebaut auf Größenwahn, Ehrgeiz und Ausschluß und Ausbeutung von solchen, die »nicht dazugehören«. Der moderne Arbeiter in der Gesichtslosigkeit der Städte. Aber auch im Angesicht der Berge muß er immer: verlieren. Und der Tourist ist die äußerste Parodie des Arbeiters im Gebirg, und auch er geht oft verloren und verliert selber sein Leben.

Elfriede Jelinek

INHALT

In den Alpen   5

Der Tod und das Mädchen III (Rosamunde)   67

Das Werk   89

Nachbemerkung   253

Elfriede Jelinek

DAS LEBEWOHL

3 kl. Dramen

In Elfriede Jelineks Theatermonolog DAS LEBEWOHL (»Les Adieux«) rekapituliert Jörg Haider seinen Rückzug nach Kärnten, eine strategische Heimkehr, die die Inbesitznahme Österreichs befestigen soll. Ein Gegenstück zum Politikerstück, in dem ohne Luft zu holen geredet wird, ist der Künstlertext DAS SCHWEIGEN. Ein Literaturwissenschaftler spricht über das Werk, das die Welt des Geistes und der Wissenschaft umwälzen würde, das aber nie geschrieben, immer nur benannt wird. Das dritte Dramolett trägt den Titel DER TOD UND DAS MÄDCHEN II und ist ein Teil aus einem geplanten Prinzessinnen-Zyklus.

»DAS LEBEWOHL besticht als Psychogramm eines Verführers ... und wenn die Autorin ihr tiefes politisches Unbehagen mit ästhetischen Mitteln formuliert, trifft sie ins Herz.«

Literaturhaus Wien

BERLIN VERLAG